第 28 回　図書館建築研修会

図書館建築を考える
― 既存施設の転用事例を中心に ―

2006 年 11 月

主催：社団法人　日本図書館協会

はじめに

　本年度の日本図書館協会主催の「図書館建築研修会」は、図書館総合展を会場に実施することとしました。今回のテーマは『図書館建築を考える─既存施設の転用事例を中心に』で、既存施設を公共図書館に再生した2つの事例を中心に、議論を行います。

　わが国の建築の寿命は特に短いといわれています。建築の寿命を測定する方式は定まっていませんが、いくつかの調査によれば「40年前後くらいで半数が壊される」、「公共建築の平均寿命は30数年」と報告されています。スクラップアンドビルドは社会全体の大きな損失であり、地球資源の保護や環境問題等に多くの負荷を与えます。建築物が壊される主な要因には、構造的寿命、設備的寿命、機能的寿命、経済的寿命があります。したがって、建築の長寿命化を図るためには、将来の変化を見込んだ入念な計画のもとに、建設時に十分な費用をかけて丈夫で質の高い建築物を造り、定期的なメンテナンスに費用をかけ続けることが必要であるといえます。

　とはいえ、変化の急速な現代社会にあっては、建築物に要求される機能は急激に変容することが少なくありません。そのため一般的に機能的寿命が短くなってきているといえます。図書館にあっても、閉架型や貸出機能優先の図書館として建設されたものを開架主体、長時間の在館に対応した図書館に転換するには、大きな改修費用と長期間の工事が求められるため、取り壊し新築が選択されることになりがちです。

　このように、人々の価値観や生活パターンが急速に変化する今日、その機能的な役割を終えながらも、構造的・設備的にはまだまだ使用に耐える建築物が増えつつあります。また、建築物は長い期間その地域の景観を構成し、人々の生活上のさまざまな活動の場となりますから、近隣の人々が愛着をもっている建物、残すべき価値のある建物に相応の費用をかけて地域の記憶として再生させることは、意義深いことといえましょう。

　さらに、高齢化の進行は、都市郊外に居住地を求めていった人々に都市回帰を志向させる傾向を強めています。一方で、商業施設の郊外展開などにより空洞化した都心部を再活性化させるまちなか復興も大きな課題となっており、集客力の大きな図書館は強力な起点となり得るポテンシャルを有しています。

　このようなことから、これからの図書館施設は建設当初から、長寿命建築の建設⇨十分なメンテナンス⇨用途転換を図りつつ長年月使い続けるという循環を考慮したものとすべきであり、また、施設要求が新規建設だけではなく、欧米のように既存施設の改修や転用により充たされることも計画上の選択肢とすべきであるといえます。

　既存施設の図書館への転用は、上記のような種々の要素を総合的に評価判断すべきであり、柳瀬委員の「手がかり・指標」は判定資料として提案するものです。今回の研修会のために行った調査では全国各地に非常に多くの事例があることが分かりました。転用の嚆

矢である2例から、その実際についてご報告いただくことで、転用にまつわる課題について学んでいただくことはもとより、新築時に配慮すべきことについても多くの示唆を得ていただけるものと確信しております。

　最後になりましたが、今回の調査にご協力いただきました各県の県立図書館関係者に感謝申し上げます。

平成18年11月20日
植松　貞夫
㈳日本図書館協会　施設委員会委員長
（筑波大学副学長）

目　　次

はじめに ……………………………………………………………… 植松　貞夫　3

事例調査報告
「既存施設から図書館へ転用」の現状と今後に向けて ……………… 柳瀬　寛夫　7
1．はじめに
2．事例調査の方法と整理
3．転用事例の特徴と分析
4．「既存施設から図書館へ転用」を検討するための手がかり・指標について
5．「既存施設から図書館へ転用」する場合に共通する問題点
6．まとめ

〔事例Ⅰ〕鳥取市立中央図書館
商業施設の転用による図書館建設 ……………………………………… 塚田　隆　23
1．はじめに
2．完成までの経緯
3．建物概要
4．コンバージョン（用途変更による既存建物の再生）の設計手法

〔事例Ⅱ〕滋賀県甲良町立図書館
学校校舎の転用による図書館建設 …………………………………… 山本　貢造　37
1．地域の概要
2．東小建設秘話　― 教育にこめる情熱 ―
3．木造校舎保存運動
4．木造校舎の構造及び形式
5．校舎保存整備事業
6．町立図書館として整備
7．図書館の概要　― 平成17年度方針より ―
8．校舎復元事業
9．木造校舎の図書館として

事例調査報告

「既存施設から図書館へ転用」の現状と今後に向けて

柳瀬　寛夫

㈳日本図書館協会施設委員会委員

（岡田新一設計事務所）

1．はじめに

　新しい図書館をつくるにあたって、既存施設を活用する——。

　その傾向は今後増加するであろうが、本当に使えるか、適切な計画が成立するのか、割安に供給できたとしても住民の期待に応えられる図書館となるかなど、すぐには結論を出せない場合が多く、確信をもってGOサインを出すのはなかなかに難しい。

　既存施設の旧用途、規模はもちろん、耐震補強や壁撤去等の改修の必要性などもまちまちであるため、そのまま参考にできる類似の先進事例はもともと多くない。しかも事例データがほとんど整備されていないのが実情である。よって、新築のケースに比べ、基本構想も基本計画も設計も手探りで進めざるをえないことが多い。

　そこで、今年の建築研修会開催にあたり、㈳日本図書館協会施設委員会では、全国的な事例調査を行い、参考例を探しやすい一覧表作成を試みた。そして計画を進める上で手がかりとなる指標の分析を行った。

2．事例調査の方法と整理

　施設委員が持つ情報の集約とともに、全国の県立図書館長に調査依頼を送付した。平成18年10月末現在39都道府県より回答があり、対象館にデータ提供を呼びかけ、回収できたデータ一覧が「資料1」である。（既存をすべて解体した改築物件は適用外とした。）

　一覧表では、それぞれの具体的な計画の参考にしやすいように、旧用途別・転用年の新しい順に紹介している。

3．転用事例の特徴と分析

1）住民共有の記憶を保存継承する

　自分の住む街に愛着を感じる。その住民の意識がさらに住みやすい環境をつくる。住民共有の記憶の残る公共の場として、長きに渡り住民に愛されてきた建築を保存継承するこ

とは、地域のコミュニケーションを促進する上で意義深いものがある。

特に図書館は、個人利用が多いとはいえ、大勢の住民が世代を超え日常的に繰り返し訪れてくるだけに、公共とのつながりを実感できる場として貴重な存在であり、建築として、空間として、愛着を感じるかどうかは、まちづくりの視点からも重要である。

特に住民に支持され歴史的価値の高い建築の再生例として、以下が挙げられる。

＜甲良町立図書館（滋賀）／甘草屋敷子ども図書館・甲州市立塩山図書館分館（山梨）／秋田市立新屋図書館（秋田）／大利根町童謡のふるさと図書館「ノイエ」（埼玉）／茨城県立図書館（茨城）／荘田平五郎記念こども図書館（大分）など＞

ただし、図書館として機能する空間特性を保持しているかどうか、あるいは部分的に利用する場合、図書館を構成するどのような機能をあてはめることが最も効果的か、などの見通しが計画初期に必要となる。

また、外壁を保存し新旧デザインを調和させた例として、

＜洲本市立洲本図書館（兵庫）／小松市空とこどもえほん館・ぶっくりん（石川）＞が挙げられる。

２）空スペースの活用

既存施設が空く理由は、おおむね以下の３つに分類できる。
① 既存機能の縮小（少子化に伴う空き教室の増加、市町村合併による庁舎統合、営業所や店舗の統合、撤退など）
② 既存機能の新築などによる移転（学校、庁舎、その他公共施設など）
③ 期間限定施設の事後活用（博覧会パビリオンなど）

図書館側のニーズとしては、
① 既存図書館が老朽化や借地期限切れ、狭隘などの理由で移転や拡充を迫られていた
② 図書館サービス網の空白地で、住民要望もあるなど新設が求められていた

などが挙げられるが、

「空きスペースの出現、その特性」と「図書館ニーズの高まりや準備万端」が合致するタイミングと相性の良さが前提となっている。おそらく、ここに多少なりともズレがあるのが一般的で、柔軟な発想と工夫が常に求められるはずである。

３）増築あるいは分割

規模における需給の関係は、
① 既存施設の面積が、図書館で必要とされる面積とほぼ一致
② 既存施設の面積だけでは足りないので増築
③ 既存施設の面積が大きすぎ、図書館以外との複合施設として利用

の３つに分けられる。

実際には、②としたい所を、①にあわせて蔵書規模設定して、まずはスタートした例も

多いと思われる。いずれにしても、転用した後に拡張している例もあるように、転用設計にあたっては、新築以上に成長・変化を前提としたフレキシブルな機能配置計画が重要となろう。

4．「既存施設から図書館へ転用」を検討するための手がかり・指標について

さて、具体的に「既存施設を図書館に転用」する話が浮上した場合に、その可否を判断する上で、何を検討すればいいのか、手がかりとなる指標を考える。

「**資料2**」において、6つの指標を挙げてみた。
① コスト
② 構造躯体
③ 空間特性
④ 面積
⑤ 立地
⑥ 文化・歴史性

各指標ごとに5段階評価する。例えば、＜①コスト＞の場合、
「中間点」となる3点を「新築コストと同程度」とする。それより割安に済めば「高評価」、割高になれば「低評価」とする。
　6つの指標のそれぞれに「実現を左右する臨界点」があると考えられる。＜①コスト＞の臨界点は3点である。それ以上の得点、つまり「新築コストより割安」でなければ、既存施設活用とはならず、取り壊し・改築を選択するケースがほとんどである。
　ただし例外がある。既存建築に文化・歴史的価値があると認められ、住民の共有財産として保存すべきとなった場合である。このケースでは「新築コストより割高」が許容される。こうした一部の例外を除いて、6つの指標のうち、ひとつでも臨界点を下回った場合、実現性は著しく低下する。
　「**資料2－図1**」において、各指標の得点が5点に近くなるほど転用への好条件が整っていることを示すが、その合計点で各事例を比較したり、適正度を評価することは今回重視していない。あくまでスタート時点において、実現に踏み切れるかどうかを検討する手がかりが欲しい、その判断材料の提供を主目的とする。
　図では、各指標の臨界点をつないだ臨界ラインの内側を着色しているが、評価点がその範囲に一つも入っていないことが、よい図書館に転用できる最低条件と判断してよい。
　（なお、第7の指標として「省資源・環境配慮」が考えられる。転用決定後は大いにプラス評価されようが、転用するかどうかを決定する判断指標まで至っていないのが現状である。今後の評価は高まると想定される。）

5．「既存施設から図書館へ転用」する場合に共通する問題点

1）予算設定の難しさ

　新築の場合には、先進事例の㎡単価を参考に予算設定しやすい。注意点としては外構工事、図書館家具費用が含まれているか別途か、解体工事など準備費の見方、地盤の良否によって杭などの地業工事に違いがあるなど、数点のチェックで大筋正確な予算を設定できる。

　これに比較し、転用の場合にはケースバイケースであることが、官庁工事としては最大の問題点といえるだろう。

　工事費を左右する主な要因として、以下が挙げられる。

① 増築部分（新築と同じ単価）の有無
② 構造躯体の状態（劣化程度、耐震補強の必要度）により、躯体補強費は大幅に増減する
③ 「仕上工事」「設備工事」の改修方法の幅は広い。構造体のみを残し、仕上げ・設備を全面的に更新する大規模改修から、既存の仕上げを可能な限り残す部分改装工事まで、程度により大幅にコストが違う
④ 書架やデスク、椅子など、図書館家具、備品を既存再利用するのか、新設か　など

　なお、別紙2～6の転用事例一覧において、備考欄の「改修費」は別途範囲が一定ではなく、特に図書館家具整備費は含まれていない事例がほとんどなので、単純比較はできず、あくまで参考程度に留めていただきたい。

　今後、期間限定利用を前提とした緊縮予算設定もあると予想されるが、「安かろう悪かろう」で利用も伸びないとなっては市民の評価は獲得できない。

2）インテリア、魅力ある空間の重要性

　学校や庁舎、事務所など、柱や壁の存在、天井高に制約がある場合が多い。空間のわかりやすさとともに、魅力ある空間づくりのうえで、特に開架スペースの書架など家具配置やデザインには工夫が必要となる。

　同じ投資額でも出来栄えを大きく左右するポイントのひとつは、家具選定、色彩計画、サイン計画などのインテリア要素の調和であり、これらをバラバラに決めるのではなく、全体のシステム性を統合するデザイン意識が有効である。

　今回の事例写真で強く印象に残ったのは、手作りの案内・書架付サインの多さである。概してほのぼのとした温かみが感じられるものの、5-1）の予算設定に原因があるケースが多いと思われる。

　プロが高度なサービスする場としてふさわしいサインのあり方はインテリアデザインの大きなテーマである。新築と同程度の専門業者が製作したサインが望ましいが、図書館員

が自ら製作することを徹底するのであれば、プレゼンテーション・テクニックが問われる時代となっていることを今以上に認識すべきと思う。最近は簡単にデザイン・製作できる「イラストレーター」「フォトショップ」などのコンピュータソフトやプリンター、カッティングマシーンが広まっているので、その操作法、ノウハウの講習会や情報交換の場がもっと頻繁にあれば、図書館界全体のプレゼンテーション・テクニックの向上に貢献すると思われる。

6．まとめ

　今回の全国調査からわかるように、既存施設から図書館への転用事例は予想以上に多種多様である。その一方で共通する問題点も存在する。今後検討対象となる物件は増えるであろうが、よりスムーズに、より質の高い計画が進むように、新築と共通するノウハウとあわせて、転用特有の計画手法の蓄積と情報提供の推進が望まれる。

　最後に改めて注意を促したいのは、やはり予算設定の難しさである。用途変更に伴ない、直接の目的とは別に必要となる構造躯体の補強費、防災設備見直し、工事中の仮設費などは物件ごとに大幅な違いがあることを強調しておきたい。

資料1

既存施設から図書館へ転用事例
（旧用途別、転用開館年の新しい順）

	図書館名	所在地	旧用途	新用途	既存構造・規模	既存建設年	転用開館年	図書館面積（㎡）	既存面積（㎡）	増築面積（㎡）	収容点数（千点）
<旧用途：学校>											
1	多摩市立図書館（本館）	東京都	中学校	図書館	RC-4/0	1982	2008（予定）	5,158	5,158	50	300
2	渋谷区臨川みんなの図書館	東京都	小学校	図書館	RC-3/0	1959	2006	689	4,210	0	48
3	潮来市立図書館	茨城県	小学校	図書館	RC-2/1	1982	2006	3,556	2,255	1,301	開架96 閉架90
4	岩見沢市立図書館第一小学校図書館	北海道	小学校	小学校 図書館	RC一部 S-3/0	1973	2001	236	7,064	58	15
5	音羽町図書館	愛知県	小学校	1階図書館 公民館 2階公民館 資料館	RC-2/0	1969	2000	726	1,475	303	開架28 閉架22
6	甲良町立図書館	滋賀県	小学校	1階図書館 2階歴史資料館（学び舎）	木（総檜）-2/0	1933	1999	1,017	1,627	144㎡復元増築	150
7	川越市立図書館霞ヶ関南分室	埼玉県	小学校	小学校 図書館分室	RC	1974	1995	128	4,547	14	17
8	鳥取市用瀬図書館	鳥取県	小学校寄宿舎	図書館	RC-1/0	1971	1993	360	360	0	開架29 閉架10
9	市川市信篤図書館	千葉県	小学校	図書館	SRC-3/0	1968	1979	912	1,351	0	5.5
10	八千代市立大和田図書館	千葉県	中学校	図書館 教育センター	RC-3/0	1962	1969	873	973	0	100
11	上尾市図書館平方分館	埼玉県	小学校	小学校 図書館分館	RC			391			36
<旧用途：商業施設>											
12	熊谷市立熊谷図書館熊谷駅分館	埼玉県	婦人服ブティック	防犯センター 2階図書館	S-4/0	1998	2006	29	128	0	開架4
13	栗東市立栗東西図書館	滋賀県	商業施設	図書館(2階一部)	S-4/0	1999	2006	1,119	17,730	0	開架70
14	鳥取市立中央図書館	鳥取県	スーパー	1階駅南市庁舎 2階図書館 地階閉架書庫他	S-6/1	1989	2005	4,595	4,595	0	開架140 閉架400
15	市立士別図書館	北海道	スーパー	B1-2階生涯学習情報センター・図書館 3階士別市農協	RC-3/1	1977	2004	1,910	6,602	0	120
16	南陽市立図書館（えくぼプラザ）	山形県	スーパー	1階公民館 2階図書館 地階駐車場	SRC-2/1	1973	2001	1,960	6,306	0	63

※既存構造・規模欄： SRC＝鉄骨鉄筋コンクリート造　RC＝鉄筋コンクリート造　S=鉄骨造　CB＝コンクリートブロック造
　　　　　　　　　： -2/1=地上2階/地下1階を表わす
※備考欄： 記載した「改修費」は別途範囲が一定でないため、あくまで参考値
　　　　　特に図書館家具（書架、デスクなど）、備品費はほとんど別途と思われる
※空欄は不明または未確認

経緯・転用状況	補助金等	転用設計者	備考
現本館の耐震補強・改修よりも、廃校となった旧西落合中学校を改修した方が低コストかつ効果的と判断され計画中。約10年間の暫定活用の見込み。面積は体育館、クラブハウスを除く	なし	新環境設計	
区立図書館の空白地域であった恵比寿・広尾地区の中心部に位置する臨川小学校の空き教室を活用し、図書館に転用。学校図書館と公共図書館の一体運営を行い、学校教育との連携を図る	なし	奥村三男建築設計事務所	改修費127,050千円
2001年二町合併後の新潮来市の新設市立図書館。3小学校統合による新小学校建設に伴い廃校となった小学校を改修、増築し、図書館に転用。約2/3は旧小学校	県新市町村づくり支援事業活用	三上建築事務所	総事業費1,005,481千円 うち改修費772,314千円
岩見沢市立第一小学校の一部（1階部分）を改修し、学校図書館兼地域開放図書館として転用		金田設計	改修費120,000千円
住宅団地建設による児童数増加に対応した小学校の移転に伴い、庁舎に転用。その後庁舎も新築、移転したので跡地利用として図書館等複合施設に再転用	起債	久米設計名古屋支社	
1993年旧甲良東小学校校舎曳家＋改修工事、95年歴史資料館として開館。99年図書館開館（873㎡）、2005年東側平屋部分144㎡復元増築、書庫に活用	地域総合整備事業債 283,800千円	水原建築設計事務所（改修部分）	93年改修372,515千円
川越市図書館サービス網計画実現のための実験的方策として、学校の空き教室（1階2教室使用、間仕切壁に連絡口設置）を転用し、地域住民に開かれた地域館を開設運営し、学校教育と社会教育の連絡協調を図る	なし	アート建築構造設計事務所	改修費23,500千円
1984年廃止となっていた小学校寄宿舎を郷土資料館に改修し一部図書室として開館。89年図書室を町立図書館に整備（266㎡）。93年郷土資料館（94㎡）部分も図書館に改装。04年合併により改称		白兎設計事務所(84) 望月建築設計事務所(93)	
信篤小学校移転のため、新築校舎を活用			改修費11,848千円
1962年に中学校として建設されたが65年新築移転に伴い、69年図書館と教育センターに転用		なし	
平方東小学校改修の際、空き教室を改修し、図書館分館として転用			
撤退したブティックを転用し、熊谷駅北側防犯センター「安心館」設置。図書館分室はその2階を利用。1階にブックポスト。図書館とはオンラインされていないが、予約図書の受取場所として利用できる	なし	市役所建築課	改修費1500千円
JR栗東駅前の活性化計画、および地域より設置要望があり、現図書館の分館として設置。（旧用途は電気、家電販売店舗）		アール・アイ・エー	改修費52,000千円
合併後の新鳥取市の中央図書館として、商業施設(元ダイエー)の持つ立地特性、公共交通機関の結節点にある利点を活用。屋内駐車場346台収容	合併市町村補助金 合併特例事業債	塚田・木下・門脇設計JV	改修費1,104,040千円（土地建物取得改修費、図書館部分）
地元のスーパーの建物が市に寄贈され改修。地下1～2階市生涯学習情報センター＋図書館、3階には士別市農協が入居。1階に農協のキャッシュコーナー有り		熊谷組	改修費780,000千円
1997年スーパー閉鎖、99年商店街の空洞化解決に向け市が整備計画。「ふれあいとにぎわいのまちづくり拠点施設」。荷重制限から書架を低く抑えている	地総債 臨時経済対策債	本間利雄設計＋地域環境計画	原設計者が改修も担当 695,483千円

	図書館名	所在地	旧用途	新用途	既存構造・規模	既存建設年	転用開館年	図書館面積(㎡)	既存面積(㎡)	増築面積(㎡)	収容点数(千点)
17	富士市立中央図書館	静岡県	書店レンタルビデオ店	図書館、会議室・ギャラリー(有料)	S-2/0	1992	2000	1,100	2,851	0	開架30閉架3

<旧用途: 公共施設>

	図書館名	所在地	旧用途	新用途	既存構造・規模	既存建設年	転用開館年	図書館面積(㎡)	既存面積(㎡)	増築面積(㎡)	収容点数(千点)
18	高松市香川図書館(仮称)	香川県	庁舎	図書館	RC-5/0	1994	2007(予定)	2,811	2,811	0	開架60閉架119
19	豊岡市立図書館竹野分館	兵庫県	庁舎議場	市支所図書館	RC-3/0	2003	2006	363	2,440	0	12
20	井原市美星図書館	岡山県	庁舎	1,2階市支所3階図書館	RC-3/0	1994	2006	410	3,053	0	開架11
21	美里町南郷図書館	宮城県	庁舎	図書館ホール役場	RC-2/0	1989	2006	260	3,205	0	7.8
22	小松市空とこどもえほん館(ぶっくりん)	石川県	警察署	絵本図書館	RC-2/0	1931	2006	603	0	603	10
23	雲南市立加茂図書館	島根県	庁舎	1階庁舎2階図書館	RC-3/0	1982	2006	422	1,966	0	30
24	葛飾区立葛飾図書館青戸地区図書館	東京都	出張所	図書館	RC-4/0	1995	2005	220	2,307	0	26
25	丸亀市立綾歌図書館	香川県	庁舎	1階市民総合センター 2階図書館	RC-3/1	1978	2005	596	2,379	0	開架21閉架2
26	輪島市立門前図書館	石川県	法務局出張所	図書館	RC-2/0	1984	2004	732	193	539	開架26閉架3
27	江田島市立能美図書館	広島県	法務局	図書館	RC-2/0	1986	2004	470	436	34	開架15閉架1
28	多可町図書館	兵庫県	集会施設	集会図書館	RC-1/0	1978	2004	617	1,129	0	開架68閉架5
29	新上五島町立中央図書館若松分館	長崎県	庁舎議場	図書館	SRC-2/0	1973	2004	199	1,354	0	8
30	八丈町立図書館	東京都	勤労福祉会館	1階図書館2階ボーリング場	RC-2/0	1971	2004	234		0	17
31	阿東町立図書館	山口県	法務局	図書館	RC-1/0	1965	2003	188	188	0	開架16閉架1
32	大台町立図書館	三重県	分庁舎	図書館	S	1987	2002	423	423	0	開架20閉架5
33	香取市立小見川図書館	千葉県	文化財保存館	図書館	RC-2/0	1970	2002	347	347	0	26
34	茨城県立図書館	茨城県	県議事堂	図書館(県立)	RC-4/1	1969	2001	8,701	8,701	0	765
35	読谷村立図書館	沖縄県	議会棟	図書館	RC-2/0	1978	1999	945	822	123	64
36	萩市立須佐図書館	山口県	法務局	図書館	RC-1/0	1977	1998	592	252	340	開架40閉架10
37	壱岐市立郷ノ浦図書館	長崎県	公民館	図書館	RC-2/0	1978	1996	365	288	76	開架46

経緯・転用状況	補助金等	転用設計者	備考
隣接する書店を買い取り、図書館の視聴覚資料コーナー及び学習室として転用。図書館使用以外に有料の市民ギャラリー、市民会議室、国際交流コーナー、屋内駐車場を併設		富士市営繕課	データは既存本館部分以外を除く．改修費45,000千円
2006年市町合併に伴い、旧香川町役場東館を図書館に転用		富岡建築研究所	改修費未確定
2005年町村合併に伴い、町役場から支所機能に役割転換したため、不要となった庁舎3階の議場を図書館に改修	合併特例債	井垣建築設計事務所	改修費40,401千円
合併後、庁舎の有効活用のため美星公民館内にあった美星図書室を移転、図書館として再整備	市町村合併推進体制整備補助金	市都市建設課	改修費6,233千円
小牛田町、南郷町の2町合併に伴い庁舎の半分以上が未使用になったのでそれを活用、新町の建設計画に沿って図書館分館として整備			改修費8,610千円
小松警察署庁舎(570㎡)を1973年より小松市教育庁舎として県から借用、2000年に用地ともに買収。保存活用の検討を重ね外壁保存、内部新築による絵本館建設に至る。1930年建設の銀行(国登録文化財)を改修し、コンサート.集会.会議等を目的とした付属ホール「絵本館ホール(十九番館)」302㎡を併設	防衛施設庁補助金(まちづくり事業)	アルセッド建築研究所(絵本館)	改修費276,611千円(絵本館) 改修費96,390千円(ホール)
合併後、空きスペースとなった加茂町役場2階部分を整備	地域活性化事業債、合併補助金	小草建築設計事務所	改修費33,237千円
出張所廃止をうけ、図書館空白地域で地元要望もあったので地区館として転用。地域住民に開放された地区センターの2階。行事等でセンター施設を借用可能		小川建設	事業費39,027千円 うち工事費18,480千円
合併後の新「丸亀市」の綾歌図書館として市民総合センター2階に開館	合併特例債	三島建築設計事務所	改修費約50,000千円
旧門前町の中心部にあった旧金沢法務局門前町出張所の施設を転用	過疎債207,800千円	ヒゲウコン建築事務所	改修費224,259千円
撤退した法務局施設を改修し、旧能美町立能美図書館として開館。その後合併により現在に至る			
合併前の旧中町にて施設の高度利用を図るため住民アンケート調査を実施した結果、図書館整備を要望する声が多数を占めたことによる	県自治振興事業補助金(書籍)	石塚電建	改修費79,500千円
合併後の新上五島町立中央図書館の分館として町役場議場を転用			
都有施設の移管を受け転用。			町の希望により都が工事したため改修費不明
法務局を改修し、山村開発センター内にあった阿東町図書センターを移転、阿東町立図書館に改称し開館。		ヤマシタ設計	
旧大台町の庁舎を新築したため、分庁舎を図書館に転用	地域総合整備事業債(まちづくり事債)	A＋S建設設計事務所	改修費50,000千円
保存館として建設したがスペースに余裕があったため、1984年図書館が一部間借りの形で転入し、2002年の教育委員会生涯学習課の移転に伴い保存館も移転。その際図書館に転用(什器等の入れ替えのみ)	なし	なし	なし
議事堂としての空間を図書館に活かす工夫。耐震補強は①部分的に壁厚を増す②書架設置部分の床を鉄骨補強程度。第19回日本図書館協会建築賞		県土木部営繕課＋日建設計	原設計者が改修も担当 改修費1,573,800千円
役場庁舎及び議会、教育委員会の移転に伴い、跡地利用検討委員会によって議会棟を図書館に転用することとなった		真玉橋設計事務所	改修費174,242千円
1977年山口地方法務局須佐出張所として建設されたが、95年萩法務局に統合され、土地建物が須佐町に返還された。その跡を図書館として転用、98年に改修開館。2000年に増築を行い現在に至る。24時間、365日開館図書館	なし	ヤマシタ設計	改修費86,028千円(1998) 増築費93,901千円(2000)
1996年地区公民館の移転により町立郷ノ浦図書館に転用。2004年合併後壱岐市立郷ノ浦図書館に改称		睦設計コンサルタント	改修費11,433千円

	図書館名	所在地	旧用途	新用途	既存構造・規模	既存建設年	転用開館年	図書館面積(㎡)	既存面積(㎡)	増築面積(㎡)	収容点数(千点)
38	新上五島町立奈良尾図書館	長崎県	武道館図書館	図書館	RC-2/0	1977	1996	299	299	0	36
39	磐田市立豊岡図書館	静岡県	庁舎	図書館	木－1/0	1928	1996	320	280	40	61
40	須恵町立図書館	福岡県	集会体育館	1階図書館 2階体育館	SRC-2/0	1974	1995	853	2,001	0	開架60 閉架20
41	福岡県立図書館別館子ども図書館	福岡県	県議員会館	子ども図書館	RC-5/0	1990	1995	268	3,119	150	開架20 閉架44
42	伊豆の国市立長岡図書館	静岡県	講堂	図書館	木-1/0	1925	1995	386	386	0	29
43	勝浦市立図書館	千葉県	庁舎	図書館 集会施設	木(一部S)-2/0	1953	1993	400	約1,000	0	35
44	白岡町立図書館	埼玉県	事務室公民館図書室	図書館	RC	1978	1993	177	177	0	51
45	綾部市図書館	京都府	簡易裁判所	図書館	RC-2/0	1947	1993	575	404	171	開架38 閉架28
46	江東区立東大島図書館	東京都	文化センター	図書館	SRC-15/0	1987	1992	1,061	1,061	0	108
47	豊前市立図書館	福岡県	検察庁	図書館	RC-1/0	1951	1991	424	339	85	開架35 閉架39
48	南三陸町図書館	宮城県	簡易裁判所	図書館	木-2/0	1951	1990	356	400	69	開架30 閉架5
49	仙台市宮城野図書館	宮城県	市分庁舎	1,2階図書館 1階休日診療所 2階教育センター、地区集会所	SRC-11/0	1971	1990	3,233	11,628	0	210
50	加須市立不動岡図書館	埼玉県	県立青年の家	図書館	RC-3/0	1965	1987	1,058	1,058	0	開架67 閉架13
51	大島町図書館	東京都	町営結婚式場	1階図書館 2階大島町教育相談室	RC-2/0	1964	1984	210	329	0	3.5
52	東中野図書館	東京都	社会保険事務所	1階区立保育園 2,3階図書館	RC-3/1	1966	1984	1,304	1,808	0	開架85
53	横浜市港北区図書館	神奈川県	区役所	1,2階図書館 3階地区センター	RC-3/0	1960	1980	2,372	3,605	0	開架100 閉架55
54	日進市立図書館	愛知県	庁舎	図書館	RC-3/0	1968	1980	1,762	1,762	0	開架80 閉架100
55	鹿角市立花輪図書館	秋田県	保健所	図書館	木－2/0	1950	1979	812	1,166	0	開架20 閉架40
56	板橋区立清水図書館	東京都	出張所	図書館	RC-3/1	1965	1976	381	381	0	開架25 閉架12
57	名取市図書館	宮城県	市役所	図書館	RC-2/0	1958	1976	863	863	0	開架83 閉架20
58	千葉市緑図書館土気図書室	千葉県	庁舎	図書室	RC-2/0		1974	196	0	0	29

＜旧用途：事務所＞

	図書館名	所在地	旧用途	新用途	既存構造・規模	既存建設年	転用開館年	図書館面積(㎡)	既存面積(㎡)	増築面積(㎡)	収容点数(千点)
59	大館市立花矢図書館	秋田県	JA営業所	図書館	木－1/0	1993	2005	155	155	0	開架15

経緯・転用状況	補助金等	転用設計者	備考
当初1階に武道館、2階が図書館、郷土資料館であったが、乳幼児、高齢者、身障者に配慮し、全館を図書館として整備			
1955年旧村単位合併により庁舎から別用途になっていた建築の1棟を改修及び増築し、96年図書館に再転用。2005年新磐田市合併により市内公共図書館（全5館）とネットワーク構築			
1994年文化会館建設に伴い、「あおば会館」の1階部分（集会施設）を改修し図書館に転用。2階は体育館で変わらず。通産省「工業再配置促進費国庫補助事業」全国第1号	通産省「工業再配置促進費国庫補助事業」	舛本設計事務所	改修費164,800千円
県立図書館に隣接していた県議員会館が図書館へ所管換えとなった（面積は子ども図書館開架室のみ）			
伊豆の国市文化財。合併前の伊豆長岡町の1986年読書普及の場として伊豆長岡県文化センターとして開設、95年伊豆長岡町立図書館として転用	なし	なし	改修費603千円
市役所庁舎の一部（1階）に図書館、および（1,2階）集会施設に転用	市債	横河建築設計事務所	改修費240,793千円
公民館内教育委員会事務室（75㎡）移転に伴い、事務室と公民館図書室の間仕切り壁を撤去し、白岡町立図書館として転用	なし		改修費1,800千円
織部簡易裁判所庁舎を図書館に転用		伊藤・梅原建築設計事務所	改修費72,741千円
文化センター移転後に図書館として活用。2－15階はマンションとなっている	なし	江東区営繕課	
国有建物（旧豊前区検察庁）を転用		石田組	改修費24,000千円
旧図書館は1959年借地に建築、老朽化とともに借地期限も切れ、早期移転の必要性に迫られていた。88年廃止となり国から払い下げを受けた志津川簡易裁判所の内装を改修し90年開館。93年に故郷学習館を増築	なし	志津川町建設課	改装費21,080千円 増築費6,998千円
政令市移行に伴う支所の区役所への一元化のため、その空き施設を再生。1,2階全体3,233㎡、うち図書館2,945㎡（共用部を除く面積） 教育センター514㎡、休日診療所164㎡、地区集会所632㎡、（2010年宮城野区文化センター（仮称）竣工後移転予定）			改修費470,000千円
「埼玉県立加須青年の家」の内部改造工事を行い、図書館に転用。（面積には3階152㎡を含む）		光建築研究所	改修費（1987年分のみ判明6,000千円）
町役場庁舎建設に伴い、旧役場舎2階にあった図書館を現施設に移転。旧用途は新庁舎開発総合センターに移転	なし		改修費なし
地域の図書館設置要望により区が取得し、一部を保育園として転用			
各区への地域図書館整備を進めていた過程で、港北区役所が総合庁舎として移転することが判明し、移転後の建物を図書館及び地区センターとして活用した	なし	横浜建築研究所	改修費289,237千円
1980年旧庁舎を改修し社会文化センターに転用。同センター内に図書室を設置。89年全体を図書館として再整備。（別敷地に新館建設準備中）	なし	浦野設計	改修費88,237千円（設計監理費含）
1968年保健所から公民館へ転用の後、公民館新築移転に伴い内部改装し図書館として整備。（老朽化、手狭のため2009年以降に新築移転計画あり）	なし	なし	
出張所（主に住民基本台帳事務、青少年健全育成事業）が新築移転した後、3館目の区立図書館として整備開設			
市庁舎から図書館・視聴覚センターへと転用の後、図書館単独として再整備	なし		複数回に分けて改修
士気町と千葉市の合併後、千葉市の士気図書館として旧町役場の一部を転用			
旧図書館は老朽化により休館、解体。同時期に当該営業所が閉店することになり、地元の町内会より図書館への転用請願書が提出され寄付を受けたことによる	地元企業・町内会より寄付金21,642千円	大館市都市計画課	改修費5,000千円

	図書館名	所在地	旧用途	新用途	既存構造・規模	既存建設年	転用開館年	図書館面積(㎡)	既存面積(㎡)	増築面積(㎡)	収容点数(千点)
60	豊立村図書館	長野県	事務所	図書館	S-1/0	1984	2004	283	283	0	開架36 閉架5
61	ニセコ町学習交流センター「あそぶっく」	北海道	郵便局	図書館 役場公文書書庫	RC-1/0	1973	2003	465	404	147	25
62	湯浅町立図書館	和歌山県	郵便局	1階図書館 2階多世代交流機能	RC-2/0	1957	2003	850	850	0	開架20 閉架15
63	一関市立千厩図書館（旧千厩町立図）	岩手県	事務所	図書館	RC-2/0	1968	2002	859	859	0	開架36 閉架26
64	大槌町立図書館	岩手県	銀行	図書館	RC-2/1		2002	419	419	0	40
65	郡家図書館	鳥取県	団体組合施設	図書館	S-2/0	1988	2002	555	555	0	開架38
66	鮫川村図書館	福島県	農協事務所	1階図書館 2,3階環境学習館	RC-3/0 一部S-1/0		2001	269	591	0	開架13 閉架9
67	下関市立豊浦図書館	山口県	事務所 会議場	図書館	CB-2/0	1968	2000	404	404	0	開架35 閉架5
68	建部町立図書館	岡山県	NTT施設	図書館 展示室	RC-3/0	1983	1998	525	1,419	0	開架22 閉架2
69	平泉町立図書館	岩手県	郵便局	図書館		1969	1996	315	443	0	
70	三春町民図書館	福島県	NTT施設	図書館	RC-4/1	1976	1995	530	3,032	0	開架55 閉架25
71	大田区立池上図書館	東京都	NTT施設	1階区立施設 2,3階図書館	RC-3/0	1937	1988	934	1,595	0	開架87 閉架12
72	井原市井原図書館	岡山県	郵便局	図書館	RC-3/1	1956	1987	1,301	1,158	143	開架68 閉架45
73	瀬戸町立図書館	岡山県	郵便局	図書館	RC-2/0	1962	1985	293	575	160	開架47 閉架6
74	鎌倉市大船図書館	神奈川県	郵便局	1階市庁舎 2階図書館 3階学習センター	RC-3/0	1965	1982	462	1,723	0	62
75	千葉市若葉図書館西都賀分館	千葉県	事務所	図書館	RC-3/0	1975	1980	762	489	273	開架45 閉架15
76	鷺宮図書館	東京都	事務所	B1-3階地域センター 4-6階図書館	RC-6/1	1972	1979	697	1,728	0	開架72
77	久留米市立中央図書館西分館	福岡県	銀行	1階図書館 2階市史編纂室	RC-2/0	1927	1969	713			38
<旧用途：その他>											
78	「あすのす平群」観光文化交流館・平群町立図書館	奈良県	診療所	展示施設 図書館	RC-1/0	1979	2006	215	210	5	20
79	大利根町童謡のふるさと図書館「ノイエ」	埼玉県	古民家	図書館	木-1/0	1868	2003	1,672	260	1,412	開架6 閉架7
80	荘田平五郎記念こども図書館	大分県	図書館 民族資料館	こども図書館	木-2/0	1918	2003	393	393	0	15

経緯・転用状況	補助金等	転用設計者	備考
前公民館図書室が手狭になったため、空いていた事務所(のうさい長野)を図書館に改修移転		クボタ設計企画室	改修費31,000千円
ニセコ町郵便局庁舎の新築移転に伴い、旧郵便局を改修・増築し町立図書館にした	地域政策補助金 水力発電施設地域交付金	山下設計	改修費162,718千円(地域政策補助金10,400千円 水力発電施設地域交付金5,028千円)
柱梁、骨組みのみ残し耐震補強の上、全面改装.伝統的街並みに合せた外装.ワークショップによる設計。2階は交流室、学習室など軽荷重機能		スタジオハルピン	改修費129,000千円
旧日本たばこ産業千厩原料事務所を改修し町立図書館(当時)とした。2005.3合併.	地総債196,700千円 臨時経済対策費65,500千円	新沼義雄建築設計事務所	総事業費267,077千円 改修費120,427千円
信用金庫として建設、その後銀行に移行。支店廃止に伴い用地購入、建物は譲渡を受ける		千葉一級建築事務所	改修費122,000千円
合併前の旧郡家町の図書館。農業共済組合統合により空いた施設を、1999年町が買収。住民の図書館の要望も多かったため、図書館として転用	起債23,000千円	赤山建築設計事務所	改修費27,000千円
鮫川村農業協同組合事務所移転後、事務所・敷地を購入し、図書館に転用		ユニゾン	改修費13,182千円
旧複合施設所有者の移転に伴い、依存建物を図書館に転用			
建部町の文化の向上と町民の学習意欲の活性化を図る目的で、NTT東棟1階(電話交換所)を有効活用。図書館363㎡と江坂コレクション(貝、土器等展示)162㎡の複合施設。NTTと賃貸契約締結		乃村工藝社	
既存郵便局を改修して町立図書館に		チジョウ建創設計事務所	
図書館建設を検討していた際、市街地を立地条件とする町の方針と、NTT営業所の統廃合による空室利用対策とが合致した。NTT三春営業所の一部を賃借している	なし	三春設計舎	改修費29千円
旧池上図書館が老朽化し、地理的に近いNTT東日本電話局別館を新図書館として活用		日本総合建築事務所	
郵便局の移転後商店街の空洞化対策として整備。2005年合併後は新井原市の中央館としての機能を担う		井原市都市計画課	改修費185,500千円
旧備前瀬戸郵便局移転のため、土地、建物の有効利用を図り、図書館に転用	なし	寺尾一級建築設計事務所	改修費69,000千円
大船郵便局移転に伴い、鎌倉市が買収し、行政センターとして改修		鎌倉市建築部営繕課	改修費318,100千円
千葉市原町土地区画整理組合事務所を改修。1993年増改築			改修費100,631千円
サンコー電機本社ビル(事務所、作業場)を転用。図書館8館構想により北部地域をカバーする図書館として施設の一部を転用	なし		改修費96,860千円
銀行支店跡を改造し、図書館として転用			
元診療所を改修し、観光文化交流館+町立図書館に。平群町の観光・文化・歴史・農業の情報発信拠点に図書館機能を併設している	起債	森田建築設計事務所	改修費35,000千円 地域再生計画認定を受け、転用に伴う手続簡略化
緑豊かな屋敷林および古民家を再生整備した農村公園と図書館。古民家部分は児童開架室として利用。その他の部分は新築	くにづくり助成金(52,000千円)	和設計事務所	
臼杵市出身荘田平五郎氏が1918年に図書館として寄贈した建物を、69年現本館開館に伴い、75年より民族資料館として利用。本館が手狭になったため、荘田氏寄贈の当初趣旨に基づき、児童を中心とした図書館に再度転用		降播建築設計事務所	改修費98,800千円

	図書館名	所在地	旧用途	新用途	既存構造・規模	既存建設年	転用開館年	図書館面積(m²)	既存面積(m²)	増築面積(m²)	収容点数(千点)
81	山口市立知須図書館	山口県	パビリオン	図書館	S	2001	2003	1,014	1,217	0	開架40 閉架20
82	鳥取市立気高図書館	鳥取県	縫製工場	図書館	S1/0（一部2/0）	1992	2003	467	373	93	開架30 閉架5
83	甘草屋敷子ども図書館（甲州市立塩山図書館分館）	山梨県	古民家	子ども図書館	木-2/0	1934	2002	208	208	0	4
84	檜原村立図書館	東京都	診療所	図書館	木-1/0	1967	1999	350	376	0	開架45.6 閉架6.6
85	秋田市立新屋図書館	秋田県	倉庫	図書館	木-2/0	1935	1998	1,672	800	872	74
86	洲本市立図書館	兵庫県	煉瓦工場	図書館	組積造-1/0	1909	1998	3,191	0	3,191	開架124 閉架120
87	五島市立図書館	長崎県	ホテル	図書館	RC-3/0	1959	1991	754	754	0	開架64 閉架17
88	串本町図書館	和歌山県	保育所	図書館	木-1/0	1954	1990	605	900	0	開架22 閉架4.5
89	南島原市加津佐図書館	長崎県	温泉センター	図書館	RC-1/0	1976	1990	497	497	0	開架52
90	長崎市香焼図書館	長崎県	倉庫 歯科医院 集会	図書館	RC-3/0	1971	1986	609	609	0	開架54
91	北杜市むかわ図書館	山梨県	大浴場(教育福祉センター内)	公民館図書室		1976	1985	128	1,486	0	開架10

経緯・転用状況	補助金等	転用設計者	備考
2001年阿知須で開催された山口きらら博のパビリオンを再利用	起債（県きらめき資金）	美建築設計事務所	
閉鎖した旧縫製工場の施設を買収、再生。住民への図書館サービスの早期開始、および財政面から旧施設の有効活用＋若干の増築により開館	起債（一般単独事業債）33,900千円	尾崎設計事務所	改修費45,570千円
国指定重要文化財・旧高野家住宅通称「甘草屋敷」を子ども図書館として転用。19世紀初め建造の土蔵部分「文庫蔵」は移築されたもの。「薬草の花咲く歴史の公園」の整備事業の一環、および敬宮愛子内親王殿下ご誕生の記念事業			改修費なし(備品費のみ)
診療所の移転、図書館取壊し時期が重なったため転用	なし	なし	
旧国立農業倉庫8棟のうち1棟を図書館に改装、新築部と渡り廊下で結ぶ。美術系短大、生涯学習拠点と「ふるさと文化創造エリア」形成。BELCA賞他受賞		松田平田	改修・設計・新築・備品費 594,000千円
旧鐘紡洲本工場の組積造煉瓦壁を保存、3つの中庭をつくりつつ新旧のデザインを調和させた図書館。第16回日本図書館協会建築賞受賞		鬼頭梓建築設計事務所	改修費1,558,400千円
営業閉鎖になっていたホテルを購入し、市唯一の図書館に転用	なし		改修費88,410千円
1954年保育所として建設されたが、75年公民館・図書館の複合施設に転用。その後90年公民館が文化センターに移転を期に単独図書館となる			
1990年ふるさと創生事業として、休業中の温泉センターを改装して図書館に転用	ふるさと創生資金活用	宮本建築設計事務所	改修費67,360千円
複合施設であったが、1978年頃に1,2階をそれぞれ子ども、成人用図書館として整備。86年に再改修を行う。97年事務室を3階に移転	なし	栗岡建築設計事務所	
武川教育福祉センター内の大浴場を図書館に転用。2004年北杜市に			

資料2

「既存施設から図書館へ転用」を検討するための手がかり・指標について

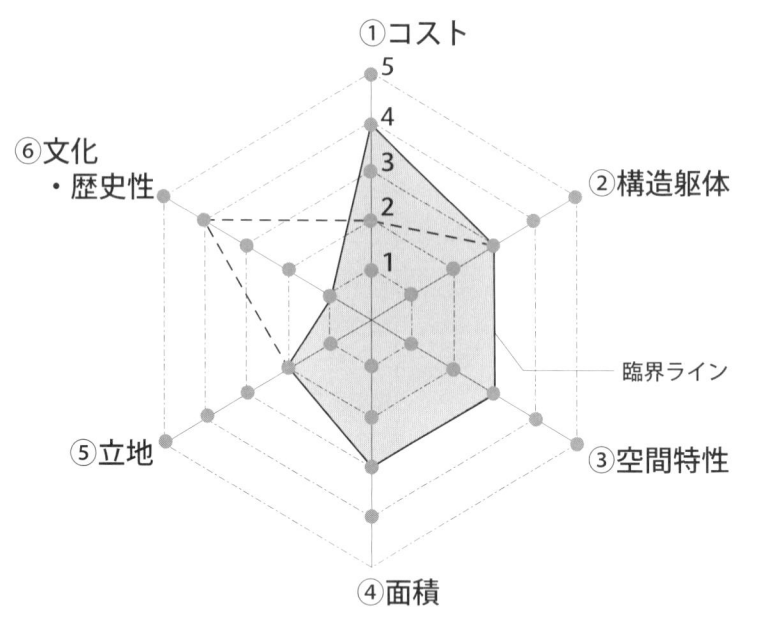

<図1. 6つの指標と実現性の臨界ライン>

※「既存施設を図書館に転用できるか」を検討する手がかりとして、6つの指標を挙げる.

※各指標ごとに5段階評価する.
それぞれに「実現性を左右する臨界点」があると考えられる（図2参照）.
左図において、指標ごとの臨界点をつないだ臨界ラインの内側（着色範囲）となる低い評価が一つでもあると、転用への実現性は著しく低下する.

※「省資源・環境配慮」＝第7の指標：
転用決定後は、廃棄物を抑える利点が大きく取り上げられるものの、実現性を左右する指標には至っていないのが現状.
今後の評価は高まると想定される

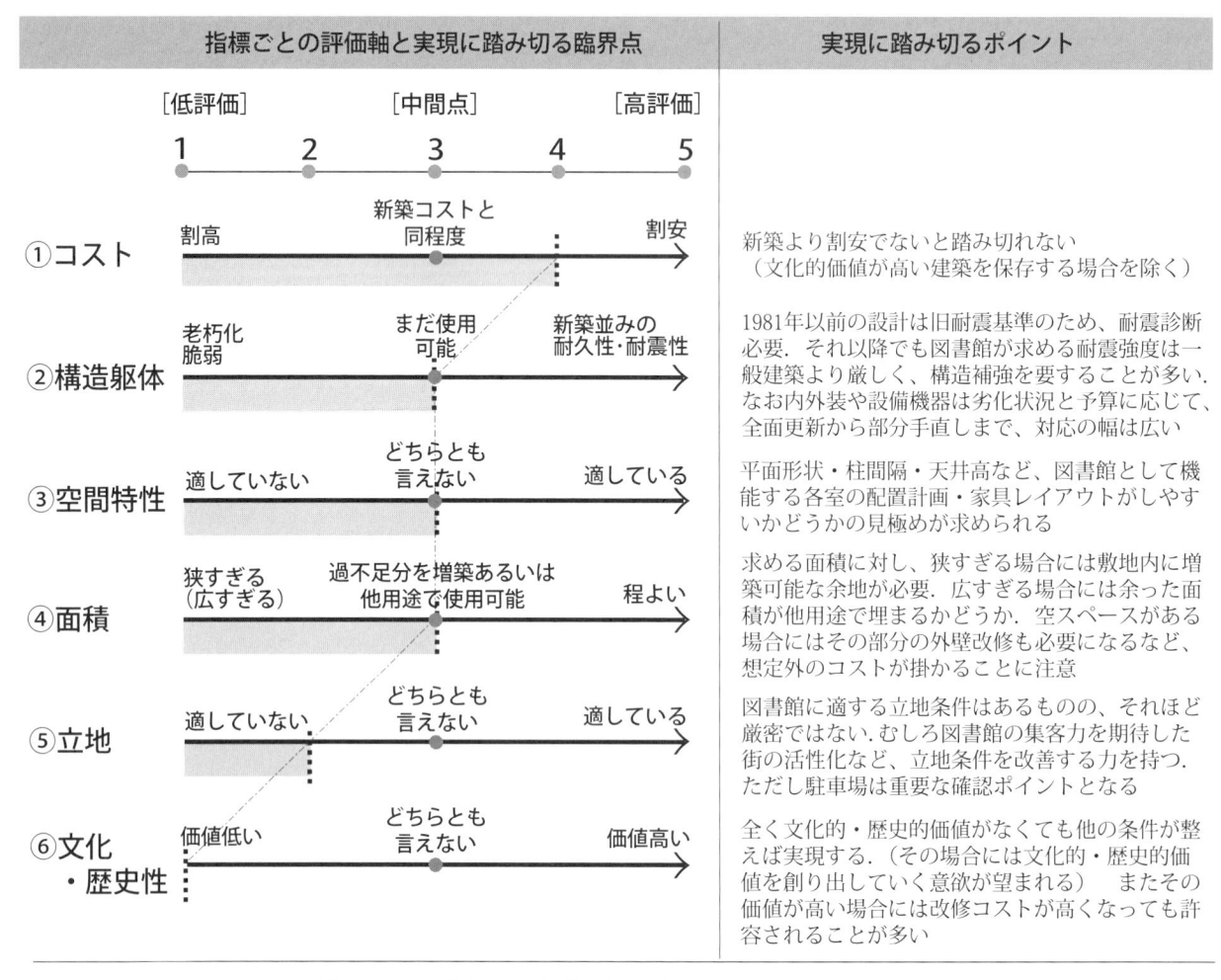

	指標ごとの評価軸と実現に踏み切る臨界点	実現に踏み切るポイント
①コスト	[低評価]1 — 2 — 3[中間点] — 4 — 5[高評価] 割高 / 新築コストと同程度 / 割安	新築より割安でないと踏み切れない（文化的価値が高い建築を保存する場合を除く）
②構造躯体	老朽化脆弱 / まだ使用可能 / 新築並みの耐久性・耐震性	1981年以前の設計は旧耐震基準のため、耐震診断必要. それ以降でも図書館が求める耐震強度は一般建築より厳しく、構造補強を要することが多い. なお内外装や設備機器は劣化状況と予算に応じて、全面更新から部分手直しまで、対応の幅は広い
③空間特性	適していない / どちらとも言えない / 適している	平面形状・柱間隔・天井高など、図書館として機能する各室の配置計画・家具レイアウトがしやすいかどうかの見極めが求められる
④面積	狭すぎる（広すぎる） / 過不足分を増築あるいは他用途で使用可能 / 程よい	求める面積に対し、狭すぎる場合には敷地内に増築可能な余地が必要. 広すぎる場合には余った面積が他用途で埋まるかどうか. 空スペースがある場合にはその部分の外壁改修も必要になるなど、想定外のコストが掛かることに注意
⑤立地	適していない / どちらとも言えない / 適している	図書館に適する立地条件はあるものの、それほど厳密ではない. むしろ図書館の集客力を期待した街の活性化など、立地条件を改善する力を持つ. ただし駐車場は重要な確認ポイントとなる
⑥文化・歴史性	価値低い / どちらとも言えない / 価値高い	全く文化的・歴史的価値がなくても他の条件が整えば実現する.（その場合には文化的・歴史的価値を創り出していく意欲が望まれる） またその価値が高い場合には改修コストが高くなっても許容されることが多い

<図2. 6つの指標・5段階評価と実現に踏み切る臨界点>

[事例Ⅰ] 鳥取市立中央図書館

商業施設の転用による図書館建設

塚田　隆
㈲塚田隆建築研究所

1．はじめに

鳥取市の状況

　鳥取市は鳥取県東部に位置し、面積は765.66平方キロメートルを有し、日本一の鳥取砂丘があることで有名です。また市内二箇所から温泉が湧き、JR鳥取駅周辺という中心市街地からも温泉が湧くという大変めずらしい県庁所在地です。

　鳥取市立中央図書館は、鳥取駅南に位置し、JR鳥取駅より徒歩5分、バスターミナルなど公共交通機関の要所であり、市内の各方面に向かう道路の起点であり、鳥取市の中心といえる場所です。旧ダイエー鳥取店が閉店した後、駅南地区に向かう人の流れが減少し、なんとか活性化できないものかと議論が重ねられていました。

　鳥取市は、平成16年11月1日、周辺8町村と合併を行い、山陰最大の20万都市として新たにスタートしました。

　この度の広域合併を機に、旧・中央図書館がもともと分館として建設されたという経緯もあり、市民から整備拡張が強く要望されていたこともあってリニューアルすることとなりました。

　鳥取市中央図書館は、旧ダイエー鳥取店跡の建物を利用し、鳥取市駅南庁舎との併設です。鳥取市駅南庁舎は建物の1階フロアーを利用し、市民サービスの一番身近な業務が集まっています。住民票などの交付にあたる市民課をはじめ、福祉、税収など、ワンストップサービスが受けられるようになっています。図書館はその2階に位置します。

　このように、交流の場所、憩いの場所、創造の場所としての図書館、そして市民生活に豊かさと潤いを広げる生涯学習の拠点としての新しい図書館が生まれました。

2．完成までの経緯

　通常、図書館建設工事は最低でも1年間はかけてするものですが、この度の中央図書館は、協議、検討、設計、工事、の期間が6か月とあまりに短いものでした。

　この時間的な制約が最大の難問でした。

3．建物概要

・構造、規模　　鉄骨造　　　一部鉄骨鉄筋コンクリート造
　　　　　　　　地下1階　　地下6階

	既存建物用途	面積 m²	転用建物（変更後）	面積 m²
地下1階	物販店（食品売場）	3780.17	公文図書庫、図書館書庫、職員休憩室、休憩室、会議室	3352.43
1階	物販店	4598.79	市庁舎、移動図書館車車庫等	4508.78
2階	物販店	3923.82	図書館	3827.35
3階	駐車場	4579.33	駐車場	4527.2
4階	駐車場	4543.85	駐車場	4487.47
5階	駐車場（一部従業員休憩室）	4446.59	駐車場（一部放送大学鳥取学習センター）	4390.21
6階	駐車場（屋上）スポーツクラブ	2190.32	駐車場（屋上）スポーツクラブ	2192.38
PH	中央監視室	140.04	中央監視室	140.04
	延べ	28202.91	延べ	27625.89

同上図書館系部分内訳

延べ床面積　4,595.83m²

・地下1階　閉架書庫　　　　974.05m²（訳37万冊）
・　1階　　移動図書館車庫　247.42m²　　3台
　　　　（配本室　99.18m²　　車庫　148.24m²　　車寄せ　23.70m²含む）
・　2階　　メインフロア　　3,374.36m²
　　　　（約14万冊収蔵可能。オープン時は23万冊の蔵書のうち、一般書4万冊、児童書3万冊、参考図書及び郷土資料1万5千冊の合計8万5千冊を開架予定）

■利用者エリア…2,609.2m²

・一般サービススペース　　1,364.10m²
・児童サービススペース　　456.67m²
　　　…閲覧コーナー　850.82m²、幼児コーナー28.26m²、
　　　おはなしの部屋　43.58m²、乳幼児ルーム　34.01m²
・市民ギャラリー　　　　　79.71m²
・多目的ホール　　　　　　109.97m²

・対面朗読室　　　　　　　　15.42㎡
　　　・学習コーナー　　　　　　　62.17㎡
　　　・パソコンコーナー　　　　　18.81㎡
　　　・ロビー　　　　　　　　　282.80㎡
　　　・通路　　　　　　　　　　149.46㎡
　　　・トイレ　　　　　　　　　　49.43㎡
　　　・談話コーナー　　　　　　　20.66㎡

　■事務エリア…339.1㎡
　　　・事務室　　　　　　　　　100.14㎡
　　　・図書整理作業室　　　　　　41.25㎡
　　　・サーバー室　　　　　　　　23.20㎡
　　　・応接室・館長室　　　　　　33.67㎡
　　　・スタッフルーム　　　　　　38.66㎡
　　　・ボランティア・ルーム　　　 9.71㎡
　　　・倉庫　　　　　　　　　　　39.30㎡
　　　・休養室　　　　　　　　　　27.18㎡
　　　（男子16.86㎡、女子10.33㎡　※男子休養室には透析室あり）
　　　・職員用トイレ　　　　　　　25.99㎡

　■その他（エレベーターホール等）…426.06㎡

4．コンバージョン（用途変更による既存建物の再生）の設計手法

(1) 意義及びメリット
　・スクラップ＆ビルド型でなく、
　　　既存ストックの活用及び高度利用＝環境共生（廃棄物の低減）
　・中心市街地の空洞化で発生した商業ビルの再利用
　　　中心市街地の活性化につながる。
　・建替えの半分のコストで同等のものができることを目指すとともに、同一コストで
　　より高い室の環境が得られる。
　・短い工期で完成が可能
　　　解体工事を含めて6ヶ月の工事期間、完成引渡し後1ヶ月で開館した。

(2) 技術的課題とその解決手法
　① 構造

○床の積載荷重の変更

	店舗の売り場	図書館開架書庫	図書館閉架書庫	
・床の構造計算を する場合	2,900N/㎡ (300kg/㎡)	7,800N/㎡ (800kg/㎡)	7,800N/㎡ (800kg/㎡)	11,800N/㎡ (1200kg/㎡)

実状にあわせ決定
・設計手法
1) 既存の積載荷重に合わせ、低書架とする。また、通路を広く設置する事により積載荷重の軽減を図る。
2) 無駄な床仕上げを撤去し、固定荷重の軽減を図る。
　　　　＝地下1階閉架書庫
3) 可能な床補強を検討する。
　　　　＝書架の下部にH型鋼を梁間に設置する等
4) 部分的な検討だけではなく、全体の構造の基礎・耐震力の安全性を確認する。

② 自然採光
○必要採光面積の相違
・設計手法
1) 必要に応じ既存外壁面に窓を新設した。
2) 既存エスカレーターを撤去することによって生まれた空間をライトウェルとして利用。最上階に設けたトップライトの自然光を図書館の中央部に取り入れた。

③ 天井の高さ
　　コストダウンを図るために天井高2.700m/mのフラット天井としていた為圧迫感を与えていた。
・設計手法
1) 床面積約2.600㎡でのバランスを考慮し、低い部分2.700m/m高い部分3.300m/mとする。
彫り上げ天井とした。
2) 上記の為、空調設備及びスプリンクラーの配管を工夫した。

④ アプローチ及びゾーニングの変更
1) 新たなメインフロアへの動線確保のため、低層部分（地下1階～地上2階）にエレベーターを新設した。
2) 市役所と中央図書館のゾーニングを検討し、また、曜日、時間の使用区分を明確にした。1階の市役所庁舎に休日閉庁用スチールシャッター等閉鎖用建具を設置した。

⑤　工事期間の特性

　　通常の新築工事期間に比較し、4～5ヶ月と短期間で完成するため、下記の体制で対応した。

1)　工事監理体制

　　工程会議と意匠伝達業務を週1回のペースで行った。

　　統括責任者・現場監督員（建築・機械・電気それぞれ1名）

　　市職員担当者（指導監督員）・施工業者（建築・機械・電気）

　　以上出席のもとで行い、協議、検討をし工事をスムーズに進めた。

鳥取市役所駅南庁舎（仮称）改修工事
「鳥取市立中央図書館」改修工事スケジュール

区分	内容	H16.8月	9月	10月	11月	12月	H17.1月	2月	3月	4月	5月
図書館協議会	機能、運営について 意見聴取 第1回：8月30日 第2回：9月13日	○──○									
基本設計	平面プランの作成		○──○								
実施設計	設計図面作成		9/21 ○────○ 11/10								
改修工事（庁舎）	2階天井解体 （天井仕上材 ｽﾌﾟﾘﾝｸﾗｰ等）		○──○								
改修工事（図書館）	天井・壁・床等内装 設備等設置				11/25 ○────────────────○ 3/25						
備品設置工事 （別途工事）	書架 開架閲覧テーブル、椅子 パソコン その他							○──○ 2階開架書棚搬入組付 ○──────○ 地階開架書棚搬入組付			
移転作業	書架 図書 コンピュータ その他									○──○	

オープン ↓

（有）塚田隆建築研究所

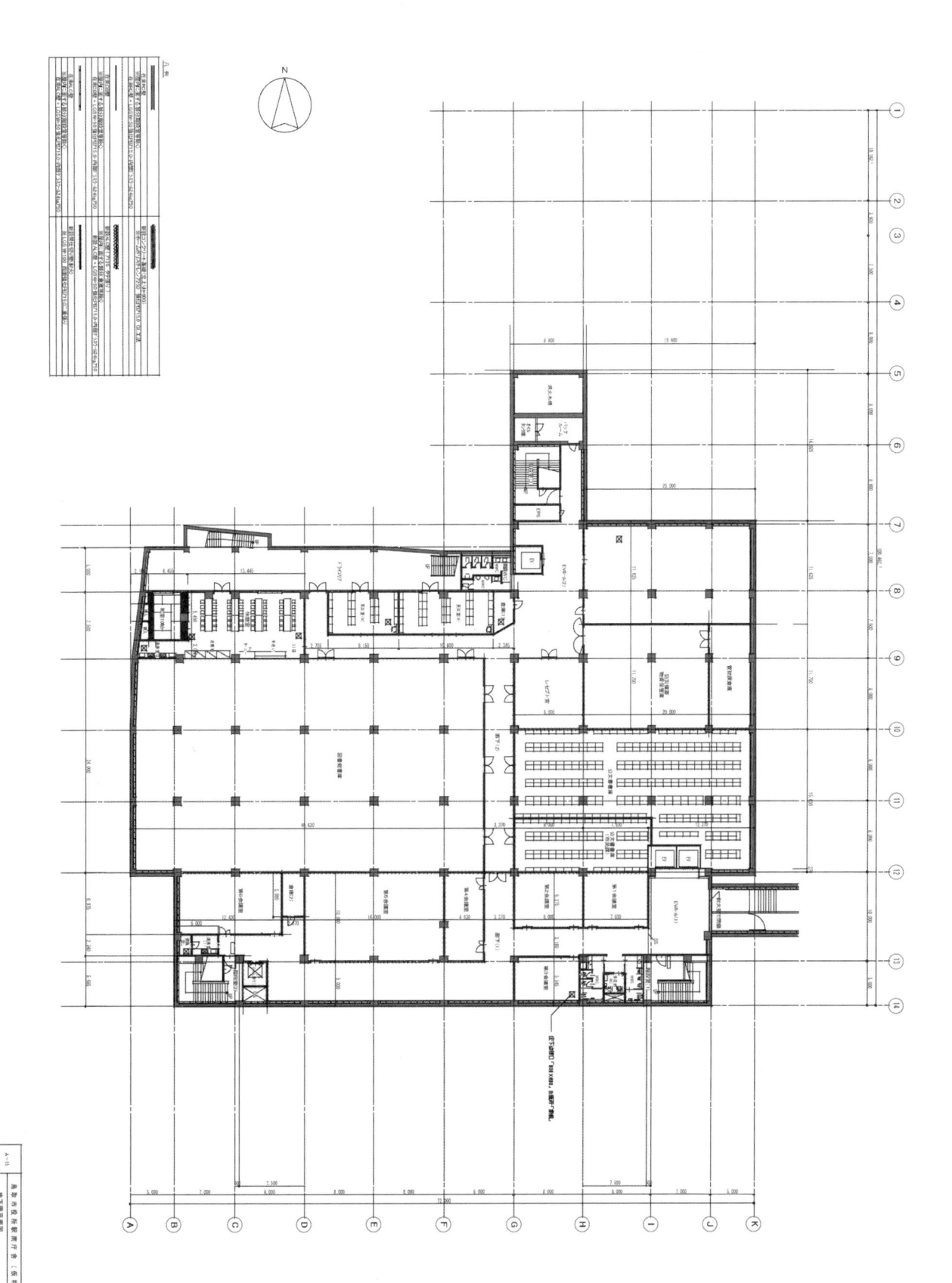

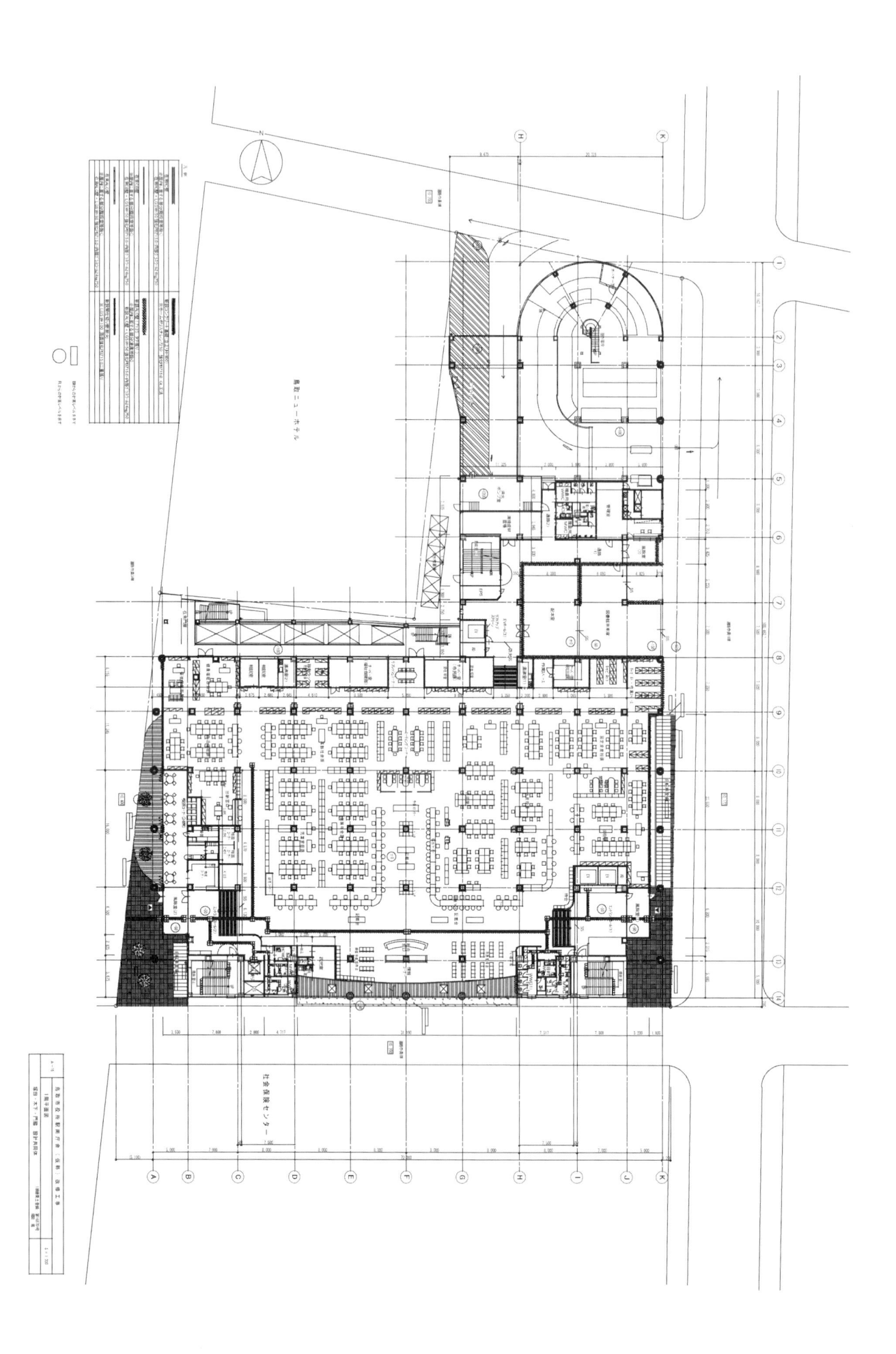

※ ハッチ部分は工事対象外とする。

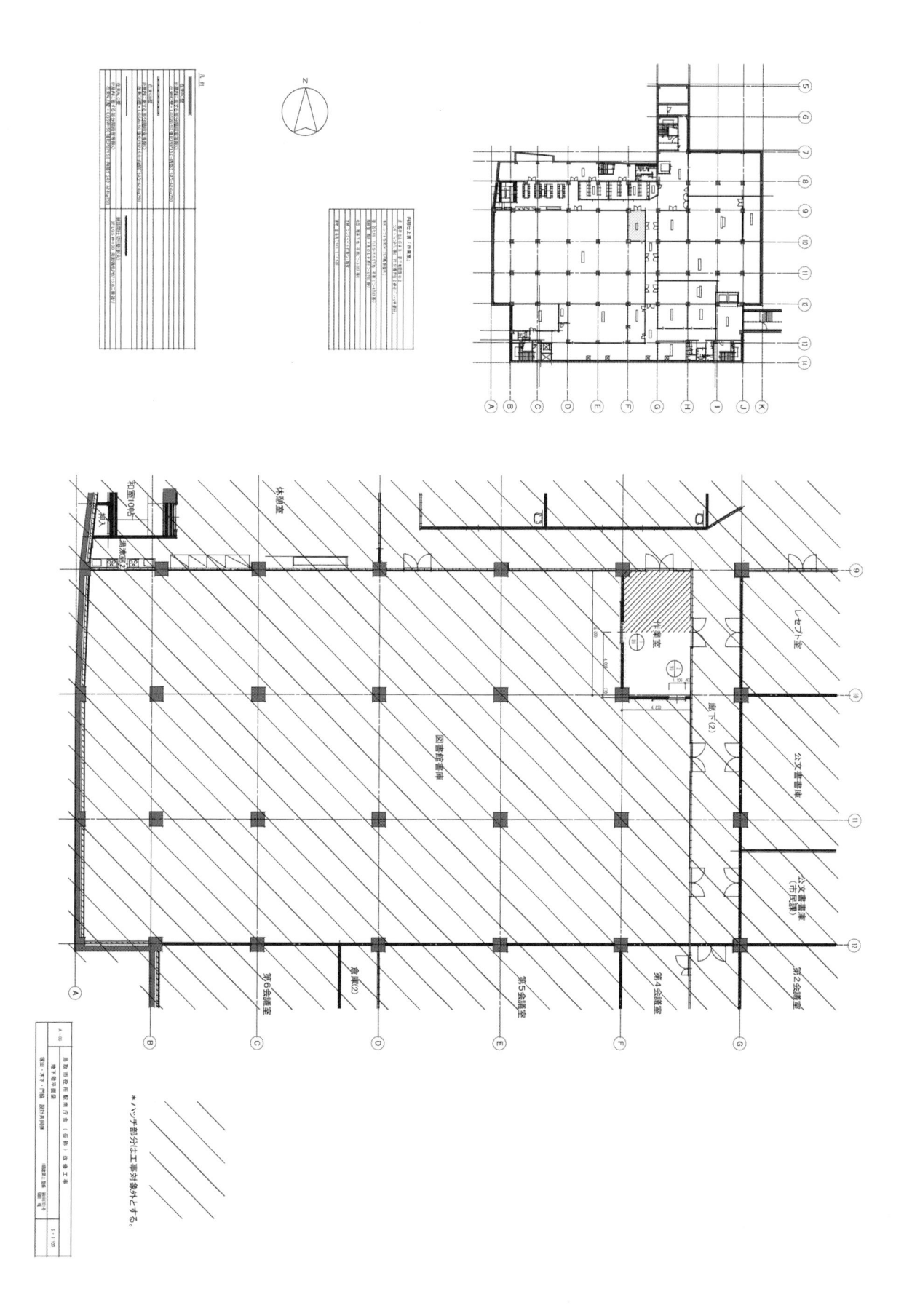

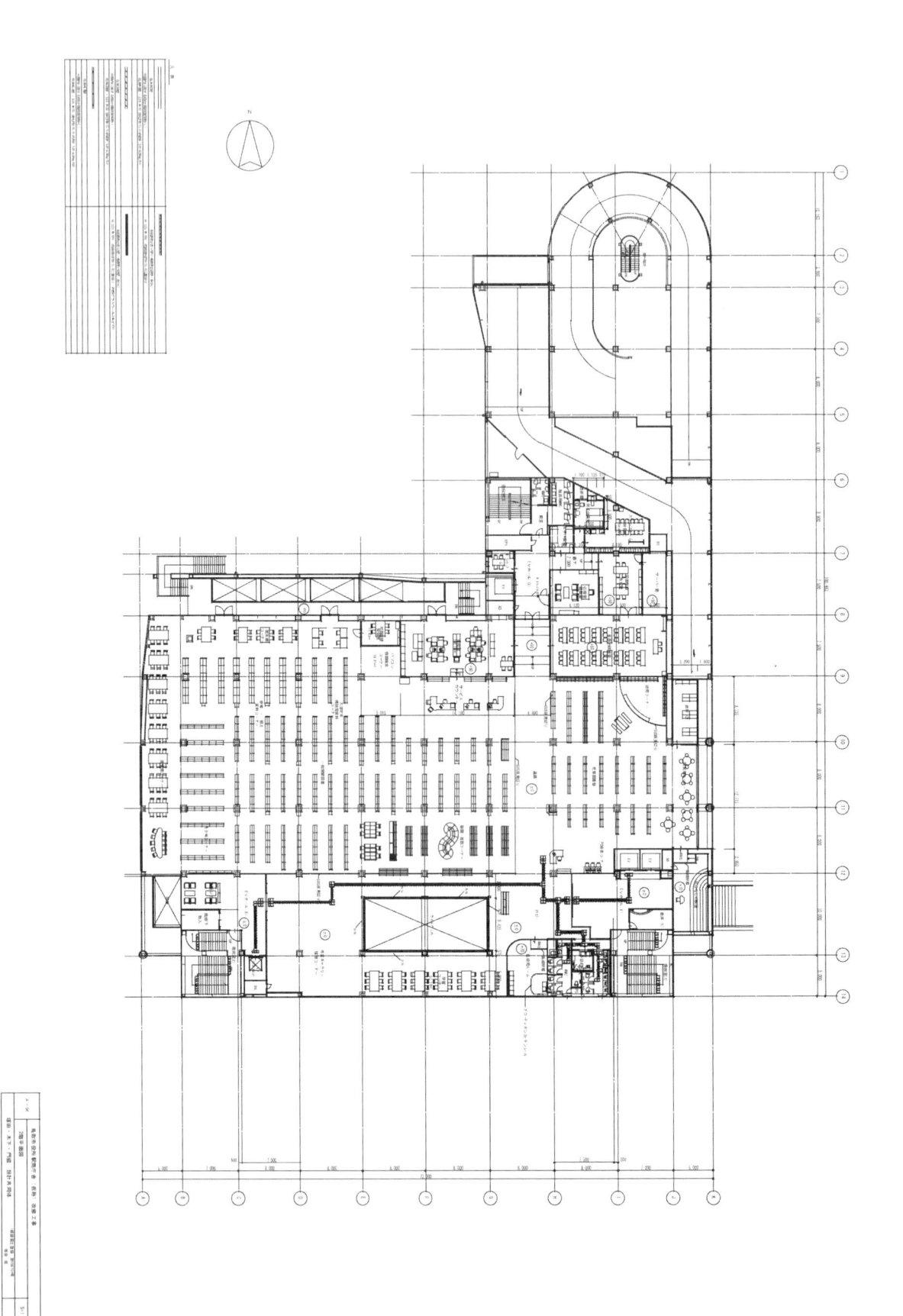

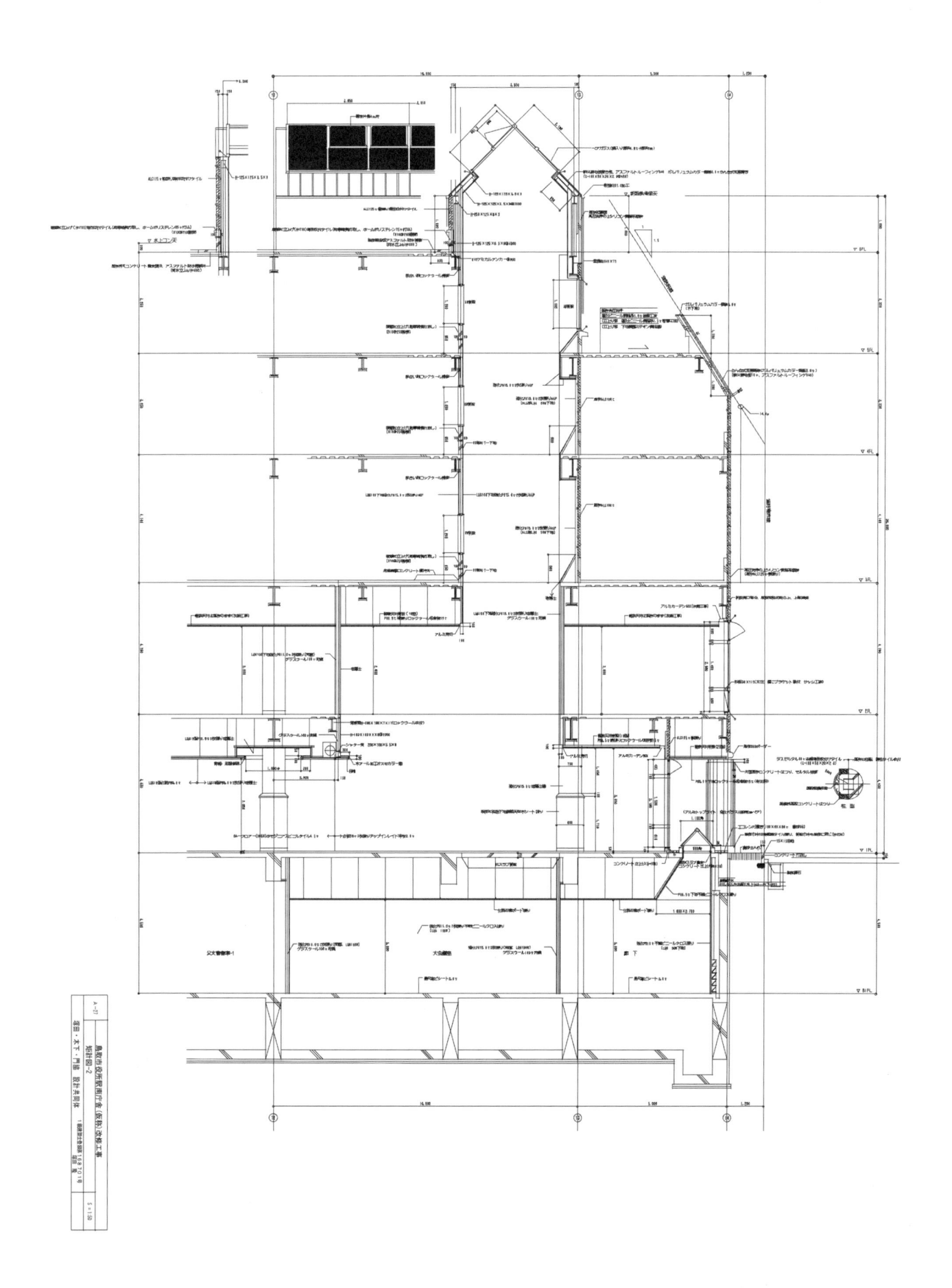

地下1階　着工前

地下1階　完成後

2階　完成後

2階　完成後

〔事例Ⅱ〕滋賀県甲良町立図書館

学校校舎の転用による図書館建設

山本　貢造
前甲良町立図書館長

1．地域の概要

　滋賀県甲良町は、琵琶湖の東部湖東平野にあり、鈴鹿山脈から琵琶湖に向かってひらけた地域である。犬上川の扇状地にある町土は、13.66平方キロメートルと県下で3番目に小さいながらも、古くから「甲良の荘」としてひらけ、数多くの文化財を有する穀倉地帯であり、そこにひろがる田園と集落ごとの鎮守の森に茂る大樹によって豊かな緑、清らかな川のある風景が織りなされている。

　また、甲良三大偉人と称される、文武にひいで、足利尊氏と共に室町幕府創立に参与したバサラの王、佐々木導誉、関が原の戦・大坂の役の功により伊勢・伊賀32万石の大名となった藤堂高虎、徳川幕府の作事方大棟梁として日光東照宮の造営を司り、甲良大工の名を全国に知らせた甲良豊後守宗廣を輩出している。

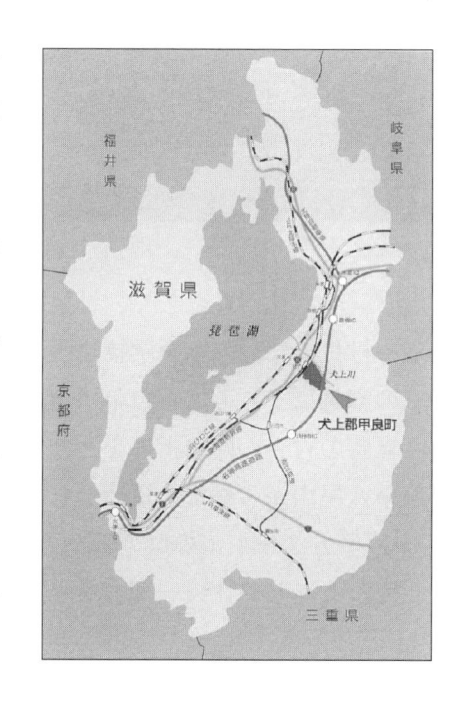

2．東小建設秘話　── 教育にこめる情熱 ──

　明治19年に創設された校舎は、他村の人から「障子学校、破れ学校」と悪口を言われる

― 37 ―

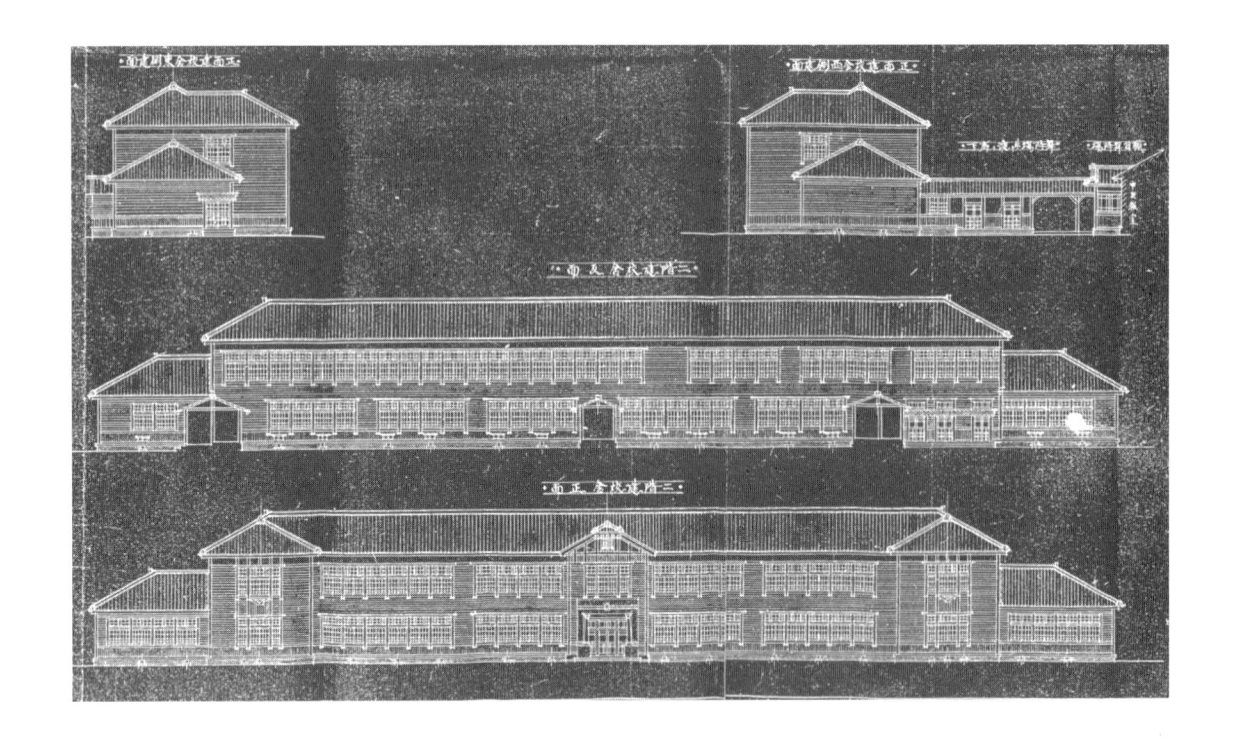

ほど、老朽化が甚だしく、村民は新しい校舎をなんとかと考えていた。年号が大正に変わるや村税の10分の1を学校建設資金として積み立て始め、10年間の基金2万円と地元実業家の寄付により、大正11年に全面改築に踏み切った。

　当時の村長が陣頭指揮をとり、校内に製材所を設けると、村民は大八車100台を新調し、遠い八尾山から材木を運びだし、児童はレンガの手送り運搬や地づきの綱引き等で参加し、4,917平方メートルの県下随一のモダンな校舎が8年の歳月をかけて昭和8年4月に完成した。まさしく住民一丸となっての校舎建設であった。

3．木造校舎保存運動

　村民の愛着がしみこんだ校舎も約60年後の平成3年8月県教育委員会の調査で危険校舎に指定された。老朽化による雨漏れ、教室が暗い、コンピュータを導入しようにも電力不足等の問題をかかえ平成4年3月町議会新年度予算審議の際、鉄筋コンクリート校舎に建て替えることが議決された。

　これに対して保存を訴えたのは、まちおこしの夢現塾の先生方、そして木造校舎を見直す住民の会であった。『甲良町は「せせらぎ遊園のまちづくり」を表明し、美しい自然と先人から受け継いだ伝統・文化遺産を守る立場にたったはず、取り壊すのではなく、補修すれば十分活用できる建物だから見直して、町の文化と教育のシンボルとして存続させ、活用してほしい』と訴えた。そして、木造校舎保存の署名運動には、永六輔、大林宣彦ら全国の学識者・文化人400名、住民800名が名を連ね町に提出された。

4．木造校舎の構造及び形式

　本館部分は、木造2階建て（玄関ポーチ部RC造り）日本瓦葺入母屋と寄棟造りの併用で、破風の拝みの部分には大振りの懸魚がつけられ、大型の鬼瓦がついている。瓦は、この近くの八幡瓦が用いられている。

　桁行は約64メートル（35.5間）ある。中央の玄関にはポーチがつき、東西両端部にある階段室が前に張り出している。一階平面は、片廊下式で中央の玄関ホールと階段室南側より、教室棟への渡り廊下に通じる。玄関ホールの右側には校長室及び職員室、左側には保健室及び教室を東側階段前には昇降口を配置している。二階平面は同じく片廊下式で東より教室3室、和室4室（34畳、56畳、48畳、24畳）が並ぶ。

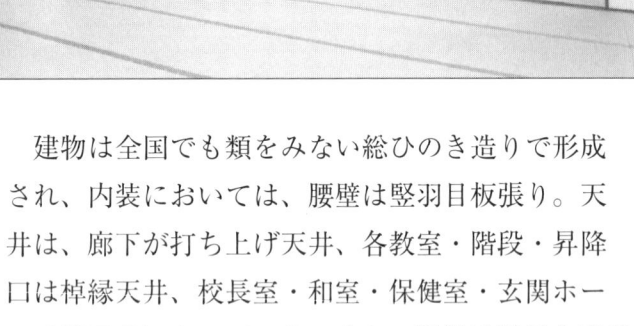

建物は全国でも類をみない総ひのき造りで形成され、内装においては、腰壁は竪羽目板張り。天井は、廊下が打ち上げ天井、各教室・階段・昇降口は棹縁天井、校長室・和室・保健室・玄関ホールは格天井になっている。また、階段は洋風を意識し、重厚な親柱と手すりから成り、天井も曲面を取り入れている。

　外観は、基礎にレンガを積み、壁は竪羽目板張りを併用、窓は木製の欄間付きの引き違い窓としている。特に中央の玄関ポーチ回りは、当時としては珍しいRC造りで洋風の様式を積極的に取り入れ、正面を飾っている。玄関ポーチの出隅には三本柱の、また壁面には二本組みの柱が立ち、柱脚・柱頭に彫刻を施したエンタシスの円柱とタイル張りの角柱の組み合わせは、建物の入り口としての威厳と訪れる人びとへの和らぎとを合わせ持っている。この玄関回りの構えは、当時定型化された小学校建築の中にあって、あえて意識的に総ひのき造りとRC造りという組み合わせで個性を表現している。

5．校舎保存整備事業

　平成4年10月本館部分を町有形文化財に指定し、国より平成5年度に甲良東小学校校舎保存整備事業として地域文化財保全事業の採択（平成5〜7年継続事業）をうけ、2階建ての本館873平方メートルを移転保存することが決まった。

　まず、平成5年度は移転場所の用地買収（2,566平方メートル）、本館曳家移転工事（7月、8月）、建物改修工事を実施。平成6年度は、エアコン設置工事、外壁補修全面塗装工事と周辺整備工事、平成7年度は屋根葺き替え工事、内装整備工事を実施した。新しいものの創造以上に歴史的価値あるものの保存活用を教訓として、ひとまず歴史資料館「学び舎」の名のもと11月にオープンした。

6．町立図書館として整備

　この頃より県内の近隣市町でも図書館の建設が続き、町にも我々の図書館を造ってほしいという要望が多く寄せられた。そこで先人の教育にかける情熱が結実したこの校舎をリフォームし第二の（生涯）教育の場、人と本、人と人との出会いの場、知的空間でもある図書館として整備工事を進めることが決定。

平成 8 年 4 月	図書館開設準備室新設
平成 8 年10月	甲良町立図書館運営計画策定
平成 9 年 1 月	既存図書整備を図書館流通センターへ委託、新刊図書購入契約締結
6 月	甲良町立図書館運営計画（第二次）策定
平成10年	図書館施設として内装改修工事（床補強、じゅうたん、玄関自動ドア化等）
平成11年 4 月	コンピュータ図書館情報システム機種決定
平成11年 6 月	書架等木製家具納入
平成11年 8 月	甲良町立図書館オープン　面積873平方メートル　蔵書37,000冊
平成12年	下水道に伴うトイレ改修
平成14年	子ども放送局システム設置

平成15年 3月　　地域IT学習情報拠点化推進事業（パソコン3台）
　　　　　　　　書架追加購入

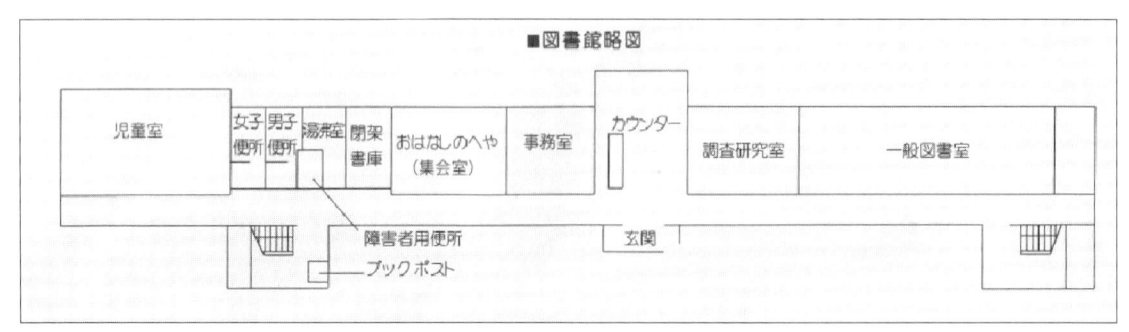

7. 図書館の概要 ― 平成17年度方針より ―

(1) 運営の基本方針

　町民全体の生涯学習を支援するため、さまざまな情報ニーズにこたえられるよう図書資料の収集・整理・保存の充実に努めます。
　また、貸出業務、調査研究活動への支援、集会活動、諸行事などを通じて、図書館サービスの向上を図り、暮らしに役立つ図書館づくりに努めます。

(1)　町民の求める図書資料・情報を気軽に提供します。
　(2)　町民の学びたい、暮らしを豊かに、生活に潤いをという願いにこたえる資料を備えます。
　(3)　常に新しい図書資料が提供できるよう努めます。
　(4)　予約・リクエストサービスを通じ、図書館への信頼を確立します。
　(5)　子どもの読書欲求にこたえるサービスの確立を図ります。
　(6)　保育センター・学校・地域等との連携を保ち、乳幼児期からの読書環境づくりに努めます。
　(7)　本と人、人と人とが出会う図書館づくりに努めます。
　(8)　お互いの人権を尊び、親しみやすく、利用しやすい図書館運営に努めます。

(2)　**平成17年度重点事業**

＊図書館東側平屋部分を復元し、書庫として整備充実します。
＊インターネットによる蔵書検索画面を構築します。
＊新鮮で魅力的な書架づくりと資料収集に努めます。

(3)　**収　書**

・図書は株式会社図書館流通センターと年間契約
・視聴覚資料は社団法人日本図書館協会・図書館流通センターと契約
・選書はTRCの新刊案内、発注はインターネット
・リクエストは別途発注
・蔵　書（平成17年3月31日現在）
　　図　書　　　65,708冊　（うち児童書23,205冊）
　　紙芝居　　　644点
　　雑　誌　　　113種　《平成18年末図書蔵書数70,557冊》
　　新　聞　　　11紙
　　Ｃ　Ｄ　　　853点
　　ビデオテープ　795点

(4)　**整　理**　　年間契約分は整理装備の上、納入。その他のものは自館整理
(5)　**コンピュータシステム**　　NEC図書館システム　Lics-RⅢ

8．校舎復元事業

　平成15年より図書館の東側平屋部分（144平方メートル）を復元し、建物本来がもつ景観デザインをよみがえらせるための県協議にはいった。この復元工事は、昭和初期の学校

建築様式を再現することであり町指定文化財としての価値を高めるだけでなく、図書館の機能を高めることも考えた。

当時図書館では、約6万冊の本を所蔵していたが、閉架書庫スペースがほとんどなく、年々増加する資料を収納することが困難になっていた。そこで復元する平屋部分に集密書庫を設置することにより、9万冊余の本を収納することができ、結果、図書館全体で15万冊余を所蔵配架が可能となる。

文化財の復元ということもあり、県土木部建築課、文化財保護課との協議に不測の日数がかかり、設計管理の予算は事故繰越、建設は平成17年度となり繰越明許となった。しかし、既存の部材を一本一本測量し、古い設計図面を参考に文化財的手法で完成することができた。併せて既存部外壁塗装、避雷針の設置、建物耐震調査とその補強も実施し一定規模（1,017平方メートル）の図書館としての機能を持つことができた。

9．木造校舎の図書館として

本町はまず既存校舎の活用から始まった。横に長く、普通教室や特別教室などそれぞれが仕切られている、靴を脱いで上がる等、現在の図書館運営にある種、逆行するような形である。しかし、木の温もり、ゆったりした雰囲気や住民の思い出がいきづく施設としての親しみは新築にはないものである。多少の不便を楽しむ、使いこんでいただくの心意気で運営したい。ある利用者が、私たちの町に「賢治の図書館」ができたと喜んでおられたのが印象的であった。

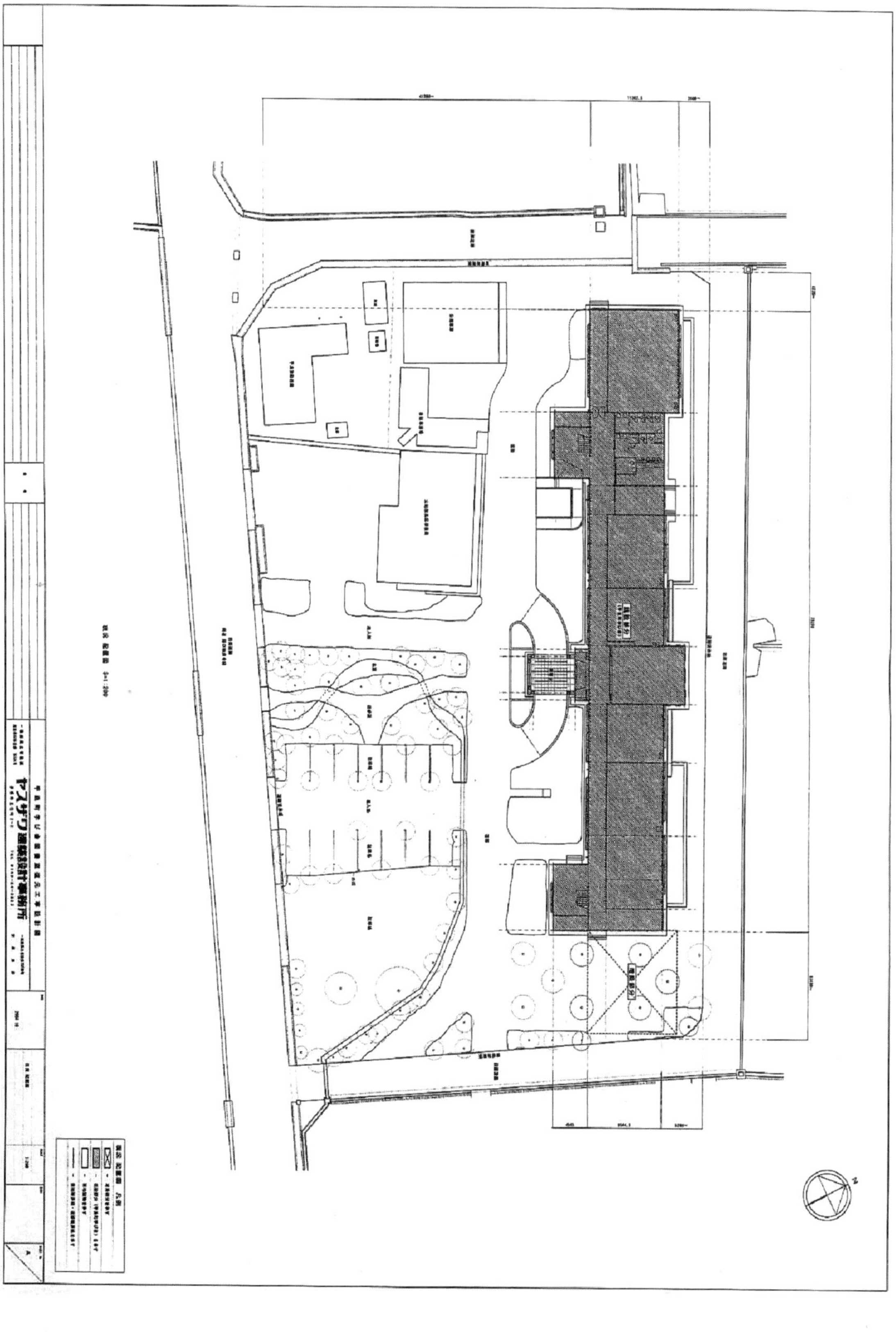

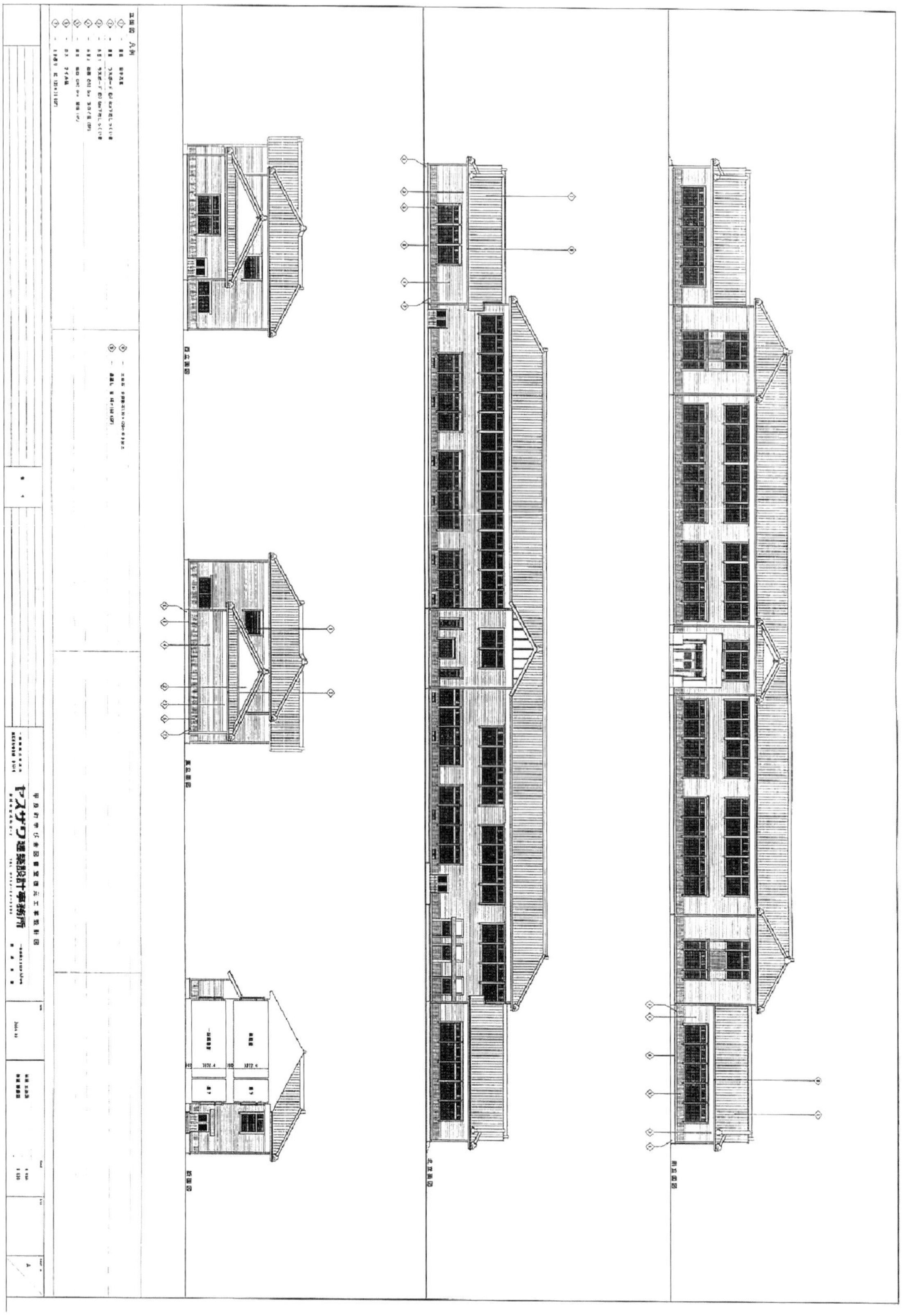

— 47 —

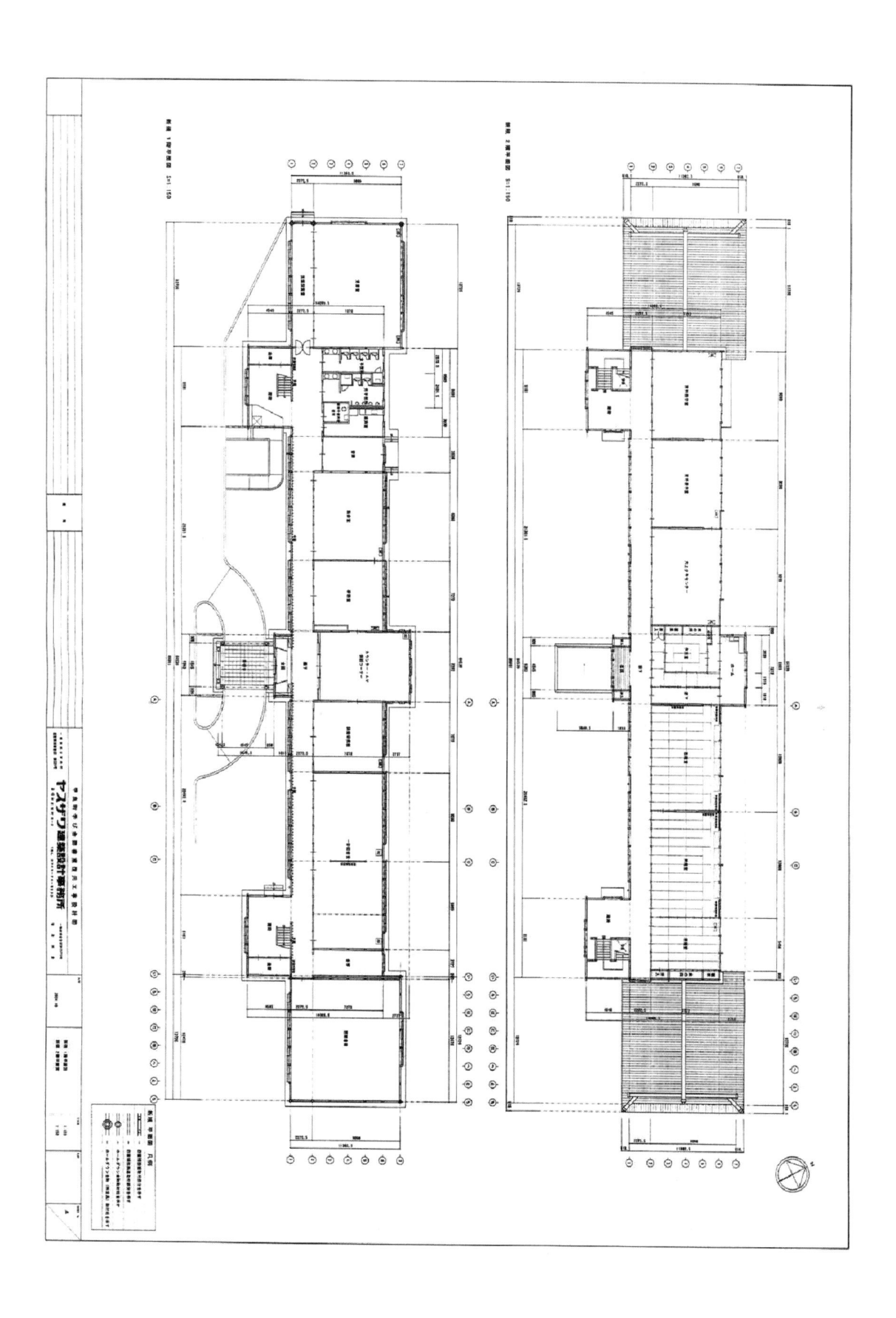

図書館建築研修会開催テーマ等一覧

回次	テーマ	開催年月	開催場所
1	良い図書館をいかにして建設するか	1980. 6	日本図書館協会
2	筑波大学図書館システムを見る	1981. 6	筑波大学附属図書館
3	併設・複合館の計画をめぐって	1981.10	日本図書館協会
4	事例研究：最近の公共図書館建築	1982.11	和歌山市民図書館、神戸市立中央図書館
5	新館に見る大学図書館	1982.11	慶應大学三田情報センター
6	良い図書館をいかにして建設するか	1983.10	日本図書館協会
7	図書館の家具とサイン	1984. 9	日本図書館協会
8	図書館の成長変化と施設計画	1985. 9	日本図書館協会
9	新しい公共図書館	1986.11	厚木市立中央図書館、藤沢市総合市民図書館
10	大学図書館建築	1987.11	日本図書館協会、共立女子大学八王子図書館
11	ニューメディアと図書館施設	1988.11	日本図書館協会、世田谷区立中央図書館
12	公共図書館の規模の拡大傾向と計画	1990.11	日本図書館協会
13	複合・併設館における図書館計画をめぐって	1991.11	町田市立中央図書館、伊勢原市立中央図書館、相模原市立相模大野図書館、日本図書館協会
14	カウンターならびにそのまわりの計画	1992.11	東京都立中央図書館
15	開架フロアの構成とデザイン	1993.11	中野区立中央図書館
16	資料の保存とスペースの問題を考える	1994.12	東京芸術劇場
17	地震と図書館	1995.11	東京芸術劇場
18	事例研究：最近の大規模図書館を見る	1996.11	大阪市立大学、府立、市立図書館
19	ライブラリー・オートメーションと施設計画	1997.11	ソニー・メディアワールド、東京芸術劇場
20	図書館建築のこれからのあり方を考える	1999. 2	日本図書館協会（新会館）
21	21世紀に向けての図書館計画	1999.11	日本図書館協会
22	生涯学習社会と図書館：新世紀の潮流	2000.11	日本図書館協会
23	図書館のインテリアデザインと室内環境	2001.11	日本図書館協会
24	国立国会図書館関西館を見て考える	2003. 1	国立国会図書館関西館
25	子どものためのスペース ―赤ちゃんからヤングアダルトまで― ＋特別報告！「東北・十勝沖地震の被害」	2004. 1	立川市中央図書館
26	良い図書館をつくるための計画	2005. 1	日本図書館協会、千葉市中央図書館、市川市中央図書館
27	災害に強い図書館にするために ―事例に学ぶ災害と図書館―	2006. 1	日本図書館協会
28	図書館建築を考える ―既存施設の転用事例を中心に―	2006.11	パシフィコ横浜